MI NOMBRE DE MUJER
SE DESHOJA ESTA NOCHE...

Recuperación de la memoria y compromiso
con la palabra en la obra narrativa de Mariluz Escribano

MI NOMBRE DE MUJER
SE DESHOJA ESTA NOCHE...

Recuperación de la memoria y compromiso
con la palabra en la obra narrativa de Mariluz Escribano

MANUEL GAHETE JURADO

UCOPress
Editorial Universidad de Córdoba

Mi nombre de mujer se deshoja esta noche… Recuperación de la memoria y compromiso con la palabra en la obra narrativa de Mariluz Escribano.–
Córdoba: UCOPress. Editorial Universidad de Córdoba, 2023
14 x 21 cm, 168 pp. b/n
THEMA: DSB NHTB
    Autor: Manuel Gahete Jurado

Esta obra ha recibido el XXVI Premio Leonor de Guzmán, otorgado por la Cátedra de Estudios de las Mujeres y financiado por la Delegación de Igualdad de la Diputación de Córdoba.

ISBN: 978-84-9927-783-7
eISBN: 978-84-9927-784-4
DL: CO 2165-2023
Impresión: Imprenta tecé, S.C.A.
    Tel: 957 297 188

Impreso en papel ecológico

 Esta editorial es miembro de la UNE, lo que garantiza la difusión y comercialización de sus publicaciones a nivel nacional e internacional.

ÍNDICE

Todos los amores necesitan un paisaje […]
y todas las infancias una patria.
  Mariluz Escribano

Lo que no se nombra sí existe.
  Remedios Sánchez

Hay dos maneras de difundir la Luz:
ser la lámpara que la emite
o el espejo que la refleja.
  Lin Yutang

INTRODUCCIÓN

Mariluz Escribano: la voz canónica del perdón y la memoria

El 19 de diciembre de 1935 nacía Mariluz en una casa feliz donde Agustín Escribano y Luisa Pueo vivían alentados por el amor que se profesaban y el éxito de sus carreras profesionales, lo que truncó de manera definitiva el hecho aciago del alzamiento nacional el 18 de julio de 1936. El fusilamiento de su padre, director de la Normal de Granada, profundamente comprometido con el ideario de la Institución Libre de Enseñanza, y el exilio de su madre, profesora igualmente de la Escuela de Magisterio y directora de la Residencia de Señoritas, convirtió su vida en un denodado empeño por restituir la memoria de los vencidos. Esta bandera que heredó de su padre ha motivado toda su existencia. Frente a las flagrantes injusticias sociales y las estructuras patriarcales que siguen conculcando los derechos de la mujer, se yergue la figura insobornable de Mariluz Escribano y su decisiva reivindicación en favor de la identidad femenina, consciente de la situación marginal que vivieron las mujeres de su tiempo, un estado de silencio que solo poco a poco irían reivindicando a costa de dejarse la piel en su conquista.

Mariluz Escribano es un claro exponente de lo que se ha dado en llamar "literatura sumergida", la escrita fundamentalmente por mujeres que, pese a su calidad, han sido preteridas en el canon sin otra motivación más que el hecho de su condición femenina, dando razón fehaciente del escaso reflejo de la mujer en la sociedad. Los continuos cambios que se vienen produciendo desde el siglo pasado acerca del posicionamiento de la mujer en los diferentes ámbitos sociales nos obligan a reflexionar sobre la necesidad de renovar el canon a fin de integrar en él los nombres de mujer excluidos sistemáticamente de las antologías, no solo para universalizarlo sino, sobre todo, para hacer justicia y dar una vuelta de tuerca a una realidad inaceptable.

Frente a una sociedad inmota, incapaz de superar sus frustraciones, consciente de su identidad femenina y de las restricciones que neciamente conlleva, Mariluz Escribano se nos revela como el ejemplo palmario de una mujer severa con los desmanes del poder incontrolado y tierna con los desfavorecidos. Estas cualidades, junto a la libertad de expresión, constituyen una simbiosis imprescindible para el ejercicio de la docencia, el derecho a la educación y, en consecuencia, la vida. La obra de Mariluz Escribano se convierte en una estructura abierta cuya verdad retrospectiva es fácilmente adivinable; un palimpsesto donde confluyen, por voluntad o involuntariamente, todas las influencias heredadas y las experiencias adquiridas. La creadora granadina proclama su compromiso con la palabra y el deber de cumplirlo desde la identidad de una mujer que siente, que sufre y que sobrevive.

El carácter inclasificable de la obra de Mariluz la integra en un grupo singular de poetas cuyo rasgo más señero radica en su estilo, el modo peculiar de expresar el sentimiento y la técnica que permite adecuar la forma al contenido, el significado y el significante. Al articular la precisión con la belleza, la memoria y el sentimiento, el desasosiego y el deseo, Mariluz se convierte en el paradigma de una experiencia álgida y poderosa que nos permite descubrir privativas propuestas, incardinadas en la tradición, pero deliberadamente contemporáneas, cercana a las emociones y preocupaciones de los hombres y las mujeres que han de leer sus obras recamadas de autenticidad, idealismo y esperanza; porque Mariluz Escribano nos insta a la proteica libertad e invoca la necesidad de que la palabra sea el vehículo conductor y cooperativo para la comprensión de los procesos naturales e intelectuales que unan –y nunca disgreguen– las conciencias, conformando un mundo más armónico, igualitario, progresista y seguro.

Hablar de la escritura de Mariluz Escribano supone sumergirse en un espacio donde imperan la soledad y el silencio, territorios en los que nuestra autora dice sentirse a gusto aunque rezume en su palabra el sabor agridulce de cavas tan inhóspitas. Escribano comienza a escribir tardíamente. Las vicisitudes de una vida sacrificada, su responsabilidad profesional en la Escuela Normal de Magisterio y un enraizado compromiso con los movimientos ciudadanos de Granada no le permitieron desarrollar de manera fecunda una trayectoria literaria que ella sintió desde su juventud.

Con *Umbrales de otoño*, Mariluz Escribano se convierte en la primera mujer de Granada ganadora del Premio Andalucía de la Crítica en la modalidad de poesía. Este reconocimiento, otorgado por la Asociación Andaluza de Escritores y Críticos, es uno de los galardones más relevantes de España y supondrá un hito concluyente de su tardía pero radiante carrera literaria. Con la concesión, en 2015, del Premio Elio Antonio de Nebrija de las Letras Andaluzas, máximo reconocimiento concedido en nuestra comunidad por la Asociación Colegial de Escritores de España, sección autónoma de Andalucía, el valor literario de Mariluz alcanza su timbre de honor. No hay más que recordar la nómina de los nombres capitales de nuestra literatura que lo han obtenido: Manuel Alcántara, Rafael Guillén, Antonio Gala, Antonio Hernández, Fernando Arrabal, Pablo García

Baena, Josefina Molina, María Victoria Atencia, Pilar Paz Pasamar, Rafael Ballesteros, Juana Castro, Ángel García López, Julia Uceda o Rosa Romojaro.

En 2015 se le concede la Medalla de Oro al Mérito de la Ciudad de Granada por su trayectoria de honestidad y compromiso con la ciudad de la Alhambra, en la defensa de su historia, su cultura, su patrimonio, su memoria, su presente y su futuro; distinción ratificada en 2018 con la Bandera de Andalucía "Por contribuir con su trabajo y su talento a reforzar la voz y el nombre de Granada en la consolidación de la autonomía andaluza" (Gahete, 2019: 9). Reconocida por los más relevantes galardones literarios de Andalucía, las grandes editoriales comienzan a interesarse por la producción poética de la escritora granadina, asubiada en su soledad, cautiva en su silencio: Valparaíso, Calambur, Visor. En 2021, la Consejería de Cultura de la Junta de Andalucía nombra a Mariluz Escribano, considerada ya como "la poeta española de la memoria y la concordia civil", Autora Clásica Andaluza, porque "representa multitud de valores, no solo literarios, sino de actitud ante la vida y de defensa de las causas justas" (Muñoz, 2020: s. p.).

Poseedora de una sensibilidad cardinalmente transitiva, con una personal visión del mundo y abierta a la mirada de los otros, poeta del sentimiento y tocada por los carismas de la mejor tradición literaria, Mariluz Escribano nos transmite equilibrio, armonía y pureza, pero sobre todo nos ilumina en el proceloso camino de la existencia con su lúcida fortaleza y su digna gravedad.

Reivindicada como una de las voces claves de la poesía comprometida española de los últimos veinte años, Mariluz Escribano ha sido una mujer de principios sólidos que ha enarbolado y defendido hasta su muerte, en 2019, los valores esenciales de la libertad, la dignidad y el progreso. Ella blandió siempre la firme bandera del compromiso social y, consciente de su responsabilidad cívica, mantuvo un inusual esmero en la precisión de la palabra, la elección de los vocablos, la fluidez de la sintaxis e incluso el tono poético que empapa como una pátina leve toda su narrativa. Su obra, que se corresponde con una de las voces más sólidas y versátiles de la literatura española contemporánea, forma parte indiscutible del patrimonio literario andaluz y español, lo que no la eximió de ser un claro exponente de la literatura sumergida, la escrita fundamentalmente por mujeres erradicadas de los suplementos literarios y las esferas del poder cultural.

Escribano, desde una rotundidad serena liberada de excesos retóricos y artificios léxicos, logra la complicidad con la gente de la calle que siente, vive, ama y recuerda. Su obra revela la dimensión de una mujer valiosa y comprometida, con un verbo cargado de sentidos y abierto a las miradas de los otros que son quienes lo completan. Es indiscutible la autoridad de Mariluz Escribano y su interés capital para servir de puente entre la alta tradición heredada de nuestros clásicos y el horizonte real donde se forjan las nuevas generaciones. Mariluz recurre a la palabra como elemento esencial de la reconstrucción de un mundo que se desvanece y tenemos la obligación de proteger. Su voz es la voz que representa todas las voces que proclaman un nuevo tiempo de luz y justicia, perdón y esperanza, paz y concordia; voces que nos permiten creer en el futuro, porque sus palabras siguen iluminando el sendero de la reconciliación, un sendero trazado sin mácula en el legado vivo de una obra inmortal, ya para siempre entre nosotros.

PRIMERA PARTE
Narradora, memorialista y columnista

1.1. El hecho histórico y su conexión con la obra literaria: individualidad creadora y códigos de socialización

Mariluz Escribano siempre consideró que la Historia debía ser una disciplina determinante para conocer el *statu quo* de un tiempo concreto y, en consecuencia, vértice ineludible para ahormar cada historia en la particular manera de enfrentarse a ella. Sin embargo no limitó este conocimiento a una sola vertiente de interpretación de la realidad, apelando a la unidad de las ciencias para comprender en su sentido más complejo el poliédrico bagaje de una época. Recordemos que filósofos, sociólogos e historiadores, a lo largo del siglo XIX, creyeron en la posibilidad de convertir la Historia en una ciencia con rango cognitivo similar al de la Física o la Astronomía. Así, en su afán de emular los logros de las Ciencias Naturales, autores como Marx, Comte y Hegel consideraron, cada uno a su modo, haber alcanzado un conocimiento fiable de los patrones que gobiernan el curso de la historia. Sin embargo, la confianza en la cientificidad de estos trabajos no duró mucho tiempo. Pronto se hizo notar su incapacidad para formular predicciones certeras del curso futuro de los hechos sociales. Así mismo, se puso de relieve el carácter subjetivo de la investigación histórica, dado que se trata de un estudio de las acciones humanas realizado por seres humanos. Era evidente el hecho de que la Historia no había alcanzado el estatus de ciencia equiparable al paradigma que ofrecía, por ejemplo, la Física, porque resultaba imposible o, al menos, poco probable explicar un fenómeno tan complejo como la actividad humana con base en un sistema de axiomas y leyes, similar al que explica el movimiento de los astros (Ordóñez Díaz, 2008: 195).

Enfrentados por este escollo cognoscitivo, los filósofos se dividieron en dos bandos: los que, como Dilthey, en su afán de mostrarnos que las ciencias del espíritu se fundamentan por la historia y, a la vez, la historia recibe su más adecuada fundamentación en las ciencias del espíritu, plantearon la autonomía de la Historia y las Ciencias Humanas frente a las Ciencias Naturales; y los que, como Collingwood, prefirieron debilitar o aclarar la noción de ciencia para que la Historia tuviera cabida en ella (Ordóñez Díaz, 2008: 195). Aunque finalmente esta confrontación va a llevarlos a considerar que las acciones no tienen existencia real en el momento en que el historiador las estudia y, en consecuencia, los vacíos o nebulosas para reconstruir y comprender el pasado habrían de ser implementados por la imaginación.

Ciertamente era una polémica abstrusa porque unas y otras exigen métodos de investigación diferentes e intentar equipararlas resultaba innecesario y hasta erróneo. Como afirmaba Dilthey, la vida, objeto de las Ciencias Humanas, tiene aspectos poco proclives a la metodología axiomática. Constreñir en taxonomías los hechos de conciencia supone una misión imposible, un sendero impenetrable; lo que no quita calidad científica al trabajo del historiador que debe enfrentarse, apoyado en documentos y testimonios, a resolver las cuestiones del pasado y evidenciar cómo los procesos influyen en el tiempo presente. Por más que nos esforcemos en aplicar nociones estadísticas al estudio de la Historia, sin duda recomendables y posibles, nunca podrán acreditar la credibilidad incuestionable de los hechos históricos, sometidos, como señalaba Heidegger, a constantes procesos de revisión y comprensión. Por otra parte, el lenguaje positivo de las ciencias se aleja radicalmente del lenguaje de la historia que posee un carácter esencialmente narrativo. Las aportaciones de Arthur Danto y Louis Mink, filósofos anglosajones, radicalizadas por Hayden White, nos acercan a las reflexiones sobre el tema clásico de las relaciones entre historia y literatura (¿realidad y ficción?) que, en la filosofía occidental, han tratado de explicar nombres tan eminentes como Hans Georg Gadamer, Michel de Certeau, Paul Ricoeur y Reinhardt Koselleck (Ordóñez Díaz, 2008: 196).

Danto (1985: 143) afirma que la escritura histórica exige el uso de sentencias narrativas, lo que le permite asegurar que la conciencia histórica se cimienta sobre una estructura que, de forma inherente, implica la narratividad. Los documentos sobre los que se basa el historiador no pasan de ser enumeraciones de hechos que es preciso articular y entroncar. Como afirma Ricoeur (1995: 249), en historia, "explicar por qué algo ocurrió y describir lo que ocurrió coinciden". Así la crónica ideal no es más que un *flash* aislado que alcanza su verdadera significación en el engranaje temporal, en el desarrollo de los hechos que lo anteceden y sobre los que influye. Pero igualmente la crónica responde a planteamientos personales manipulados por los condicionamientos políticos y morales que inciden directamente en la narración final de los hechos contados. A modo de ejemplo, remitimos a la obra *Fuenteovejuna* de Lope de Vega, basada en los sucesos acaecidos en la villa cordobesa de Fuente Obejuna el día 23 de abril de 1476. El *Fénix de los Ingenios Españoles*, que escribió su obra casi ciento cincuenta años después de que ocurrieran los hechos que relata, se inspiró fundamentalmente en las crónicas de Alfonso Fernández de Palencia y las de Francisco de Rades y Andrada, entre las que existen diferencias capitales. Palencia, primero cronista real de Enrique IV y más tarde cronista oficial en el reinado de Isabel I, en su monumental obra *Gesta Hispaniensia ex annalibus suorum diebus colligentis*, afirma que Fernán Gómez de Guzmán es un noble comendador, leal a los reyes, y su muerte un crimen abominable. Por su parte, el canónigo Rades y Andrada, en la *Chrónica de las tres Órdenes y Caballerías de Santiago, Calatrava y Alcántara*, escrita en 1572 y conservada en la Biblioteca Nacional de Madrid (ms. 3.269 en los folios 331-332), declara sin ambages la tiranía del comendador mayor de Calatrava y su adicción a la causa portuguesa de Juana la Beltraneja, contraria a la facción de Isabel. El padre Mariana, en su *Historia General de España* de 1601, secundará más tarde esta opinión, coincidiendo ambos con la versión lopesca (Gahete, 2016: 94-95).

Por esta volubilidad inherente a la naturaleza humana, como afirmaba Heidegger (1927), la historia se encuentra sometida constantemente a procesos de interpretación y revisión. Establecer los hechos es condición necesaria pero no suficiente. Carr (1961: 10-11) advierte con perspicacia que elogiar a un historiador por la exactitud de sus datos es como alabar a un arquitecto por emplear, en sus edificios, columnas bien construidas o cemento bien mezclado; siendo una condición necesaria de su obra, no es su función esencial. Lo que verdaderamente prestigia el trabajo histórico es la capacidad de transmitir con acierto los hechos que relata mediante sentencias narrativas que los organizan y les dan sentido. Y en esto coincide plenamente con la literatura, aunque esta no tenga como cometido la traslación exacta de los hechos de la realidad. De hecho, tanto el historiador como el narrador forjan sus relatos con la ayuda de documentos, siendo estos, para el primero, cimiento necesario de sus argumentaciones y, para el segundo, un instrumento de construcción. Sin embargo, no podemos perder de vista que tanto la historia como la literatura quedan sometidas a un proceso de narratividad que depende cardinalmente de la capacidad del autor. Así, mientras Danto (1985: 356 y ss.) explicita con toda razón que el límite entre historia y literatura radica en la aspiración del historiador de explicar la realidad tal como es o como fue, Hayden White (1992: 24) subraya que no basta, para construir un relato histórico, conectar dos hechos situados en puntos diferentes del tiempo, se requiere además un andamiaje retórico, tramado en un tejido complejo, cuyos distintos hilos configuran una estructura de significación compleja, constituyéndose la trama en la "estructura de relaciones por la que se dota de sentido a los elementos del relato al identificarlos como parte de un todo integrado". Pero ¿no es esto también lo que pretende el relato literario? En definitiva, este acople holístico vale tanto para una obra histórica como para una novela de costumbres, un cuento de ciencia ficción o un relato mítico (Ordóñez Díaz, 2008: 205); y, por ende, cualquier relato histórico implica un tratamiento poético –entiéndase creativo– de los hechos narrados.

Desde los albores de la humanidad, la literatura es una de las formas primarias utilizadas por el ser humano para representar el mundo. Escribano reitera en su producción literaria que no solo constituye la forma auténtica de consolidar una lengua y convertirla en materia artística sino que se manifiesta como la gran propagadora de ideas. Esta unión de elementos estéticos y éticos, capaz de reflejar la conciencia del individuo y su entorno, se convierte en un imprescindible objeto social, materia de la historia, que nos obliga a establecer sus relaciones no como un mero coadyuvante para reflejar el marco histórico sino como un proceso integrador del conocimiento.

Si bien la base documental fundamenta y legitima el trabajo

del historiador, este recrea una realidad estructurada por unas determinadas convenciones de articulación o razón histórica que pueden o no coincidir con la estructura de los hechos reales. Según Ordóñez Díaz (2008: 207), este reconocimiento no implica una renuncia a la objetividad sino la apertura hacia un concepto distinto de objetividad que no consiste en inmovilizar o congelar los hechos para establecer su verdad sino en asumir las consecuencias que se derivan de su carácter dinámico y procesual, de su temporalidad intrínseca. Kearney (2002: 136) afirma que "la narración de la historia nunca es literal […] siempre es al menos en parte figurativa por cuanto se despliega el relato de acuerdo con una cierta selección, ordenamiento, entramado y perspectiva". Sea cual sea el procedimiento seleccionado, todos comparten el rasgo común de ser artefactos narrativos de carácter literario. Trazar el panorama de una época, sociedad o sistema económico implica un proceso de ficcionalidad narrativa y, por supuesto, su fabulación argumental denota un determinado modo de entender el mundo. Por ello, cuando los documentos o testimonios quedan trabados en el armazón de la historia, adquieren un valor nuevo no necesariamente supeditado a la verdad que los generó.

Esta ambigüedad nos lleva a otras consideraciones mucho más elocuentes sobre la delgada línea roja que separa la historia de la novela histórica, un género que alcanza en nuestros días categoría propia dentro de la épica. Ciertamente el historiador, en pos de construir un retrato coherente de los acontecimientos compilados, a veces inconexos, aun pretendiendo ser fiel a las causas que los produjeron y al resultado final de su ejecución, no puede evitar en el trabajo de reconstrucción sistemática la selección de unos frente a otros y su disposición en el telón de fondo cronológico que refleja su secuencia, transformando la realidad en una imagen de lo que fue, ficcionalizándola en

suma. Por ello, pese a la inquisitiva crítica a la que puede someterse esta afirmación, escribir la historia es muy parecido a escribir una novela porque ambas son formas gemelas del difícil
arte de la narración; y así Oscar Wilde (1975: 927) destaca que
"cualquiera puede hacer historia, pero sólo un gran hombre
puede escribirla".

Al estar construida sobre la base angular de la vida, la historia debiera contemplar lo irracional, lo azaroso y lo asiste-
mático. Al eliminarse del relato histórico estos ingredientes
naturales del quehacer humano, la efectividad se desvirtúa,
aunque se trata de un estado de conciencia aceptado por los
historiadores y, en ningún sentido, extraño a lo que entendemos por objetividad histórica. En su favor, el relato o la novela
sí incluyen estos detalles cotidianos y consuetudinarios, siendo
en este sentido aproximativos testimonios de la historia adiada
de las diferentes civilizaciones, más cercanos a la realidad de
las sociedades que las grandes gestas y los personajes célebres, a
veces idealizados y hasta manipulados por el poder y la gloria.
No siempre la celebridad se condice con la bondad de los actos
que los enaltecieron sobre el general de los seres humanos.

En el *boom* de la novela hispanoamericana, serán paradigmáticas las novelas que tratan sobre los dictadores. Al describir
literariamente la figura de estos gobernantes autócratas, se ponía de manifiesto una realidad social que identificaba la verdadera situación histórica de América Latina. Tomando como
eje la biografía del dictador paraguayo José Gaspar Rodríguez
de Francia, Roa Bastos, en su obra *Yo el Supremo*, publicada
en el apogeo del régimen de Alfredo Stroessner, nos permite
describir historias paralelas y alternativas. Fue tal la influencia
que alcanzaron estos escritores a través de sus relatos y novelas
que era frecuente su presencia activa en los debates culturales
y políticos, cuestionando el significado y el valor de la historia

(Nunn, 2001: 211-212). El éxito repentino de los autores del *boom* sudamericano se debió en gran parte a la difusión que las historias narradas tuvieron en Europa y muy especialmente en España, donde no necesitaban de traductores para su publicación. Pero la divulgación de estas novelas no hubiera sido tan relevante de no contar con una materia narrativa atrayente que, aun mitificando la realidad, la dejaba trasparecer. Frederick M. Nunn (2001: 4) es clarividente cuando afirma que, además de los valores estéticos, "los novelistas latinoamericanos se hicieron mundialmente famosos a través de sus escritos y su defensa de la acción política y social".

La restricción natural del relato histórico no inhibe la consideración reconocida de que los historiadores, como los narradores, explican los hechos del pasado mediante un canal de transmisión que es "de naturaleza preconceptual y específicamente poética" (White, 1973: 4). En la mayoría de los casos, aunque de naturaleza y convicción científicas, el lenguaje técnico del historiador se desprende del lenguaje artístico que permite no solo embellecer cualquier obra desde el punto de vista estético, sino que brinda además la posibilidad de ofrecer un conjunto de elementos históricos y culturales proclives a lograr una mayor comprensión de la realidad histórico-concreta que trata. White (1992: 24) va más allá cuando sugiere que las explicaciones históricas están construidas sobre la base de un acto prefigurativo básico de naturaleza poética y lingüística, postulando que la faceta científica del trabajo histórico ocupa una posición subordinada en relación con la faceta poética. Aunque ambos son productos ficcionales, la diferencia capital entre novela e historia estribaría en que esta se basa en el análisis de documentos, resumiendo con agudeza que la distinción entre historias "históricas" e historias "ficcionales" es su contenido y no su forma. El historiador refleja los sucesos que narra bajo la influencia de un conjunto de condicionantes como la filiación política, su presencia o ausencia, el conocimiento y los métodos de análisis, incluso la honestidad del propio autor, lo que nos lleva a considerar que, sin dudar del valor de lo narrado, la necesidad de recurrir a la literatura existente sobre el hecho o período del que se trate para acercarnos a la verdad no debe relegarse, porque aporta nexos internos, sentimientos y pulsiones emocionales que, a veces, marcan las razones por las que acaecen los acontecimientos. No son pocos los teóricos y estudiosos de la historia, y a Mariluz Escribano –*mutatis mutandis*– nos remitimos, que consideran el texto literario como un medio idóneo para puntualizar el hecho histórico.

Es evidente que la difusión de las obras, sea cual fuere su forma o contenido, fue desde siempre esencial para conseguir su trascendencia. Cuando el único vehículo de expresión era la palabra, el conocimiento pasaba de boca en boca y de generación en generación, hasta que la escritura convirtió en perdurable, con todas las contingencias a las que sabemos sometido el paso del tiempo, los textos manuscritos, conservados como incunables, para dar paso a la invención de la imprenta que permitió la mayor divulgación de lo escrito. Desde que aquel artefacto de Gutenberg colmó el deseo de los creadores, y en justa reciprocidad de los lectores, la edición analógica ha sido el método más utilizado para mantener y transmitir lo aprendido y lo creado. Ficción y ciencia han evolucionado poderosamente desde que se convirtió en posible la virtualidad de salvaguardar el conocimiento. La historia ha demostrado fehacientemente que el poder siempre marca. Tanto la creación como la investigación han estado supeditadas al patrimonio o al mecenazgo. ¡Tanto talento se habrá quedado perdido en el tráfago de la indigencia! Esta verdad, que sigue hoy vigente y será así *per saecula saeculorum*, ha evolucionado en favor de las mayorías gracias a la innovación tecnológica y a los nuevos medios de difusión, permitiendo que la información llegue a todos, aunque sigan siendo solo algunos los que detenten los mecanismos de poder e interfieran en los procesos de comunicación a su antojo y beneficio. Pero lo cierto es que la difusión, facilidad y gratuidad que aporta la era digital a la información y el conocimiento son tan incontrolables e imprevisibles que el peligro del error y la confusión funciona par a la riqueza de los contenidos y su accesibilidad de divulgación. La Historia y la Literatura, envueltos en la bruma de un medio hostil que pretende erradicarlas de la enseñanza reglada, buscan y logran, en los *mass media* y las redes sociales, aliados que no puede conseguir en las instituciones, preocupadas más por mantener su estatus que por favorecer los proyectos para las que han sido designadas. Y esto último lo sabía muy bien Mariluz Escribano que combatió toda su vida para poner de manifiesto la hipocresía de ciertos mandatarios y su insufrible doble vara de juzgar y medir.

1.2. FICCIÓN E HISTORIA, UNA DUALIDAD INSOSLAYABLE: *DIÁLOGOS EN GRANADA* (1995), *PAPELES DEL DIARIO DE DOÑA ISABEL MULEY* (1.ª ED. 1996 – 2.ª ED. 2008), *CARTAS DE PRAGA* (1999) Y *LOS CABALLOS CIEGOS* (2008)

En el orden temporal que vivimos donde la ficción queda relegada por la gravedad de los asuntos que nos afectan más intensamente, la novela histórica ha cobrado una singular relevancia. Como acaece en estos periodos críticos de convulsión interna y trepidación universal, el ser humano opta inconscientemente por imbuirse de lleno en el centro de la llaga, combatiendo como puede la gravidez de las convenciones o bien se aparta de la realidad inventando un mundo onírico, exótico y hasta votivo que lo libere o exculpe de la inmediatez de un compromiso, por otro lado, inexcusable. No significa que el hecho de adoptar esta segunda pauta de conducta libre al creador de su responsabilidad como ciudadano ni tampoco del deber hacia el lector como receptor predilecto. A veces, a través de la evasión y la ironía, el sentir crítico es aún más lancinante. El relato histórico pertenece a la expansiva onda mediática que procura enseñar y divertir, secundando en el mejor sentido la reiterada sentencia clásica *prodesse et delectare*, instruir deleitando, *dulce et utile*, que tanto juego está dando en la didáctica de las últimas décadas.

Milan Kundera (1987: 174) afirma que "el historiador escribe la historia de la sociedad, no la del hombre". Ordóñez (2008: 212) lo expresa con claridad:

> La historia concentra su atención en lo que sucedió, y con ello incrementa nuestro conocimiento del pasado colectivo; la literatura se preocupa, además, por lo que pudo haber sucedido, por lo que podría llegar a suceder, y con ello incrementa nuestro conocimiento de las posibilidades de la condición humana […]
>
> Es preciso, por ende, distinguir entre *reconstrucción de hechos históricos y exploración de la dimensión histórica de la existencia humana*.

Al tomar conciencia de esta consideración, comprenderemos que el ámbito de conocimiento de la literatura es más amplio incluso que el de la historia, porque la existencia humana contiene posibilidades no realizadas o percibidas cuya exploración excede el perímetro de las tareas de reconstrucción del pasado a las que se dedica el historiador (Ordóñez, 2008: 213), llevándonos a recorrer esferas de la historia con sus sombras y luces, el aire de otro tiempo pleno de caudal antropológico y cronístico siempre dispuesto a descubrirse. El acercamiento emocional que ofrece la novela histórica nos permite desvelar no solo los hechos sino sobre todo el *modus vivendi* y de pensamiento que identifica en toda su complejidad la época que se reconstruye. Por ello, la novela histórica se ha convertido en uno de los grandes géneros de este nuevo siglo. Algunos de nuestros más importantes autores contemporáneos han descubierto en ella la perfecta conjunción entre ficción y realidad, misterio y emoción, utilidad y deleite. Los argumentos con apoyatura histórica atraen especialmente al lector medio que elude la mera fabulación y no se siente proclive a la excesiva rigidez de la ciencia histórica. En este ámbito intermedio, alcanzamos a vislumbrar, de una forma grata, los avatares de la historia, tocados por ese apunte de suspense y humanidad del que se aleja sistemáticamente la investigación histórica. Al primar el interés del argumento sobre su verdad, el autor moviliza todos sus conocimientos para construir el relato vívido de una época que conmueva y capte la atención del lector, buscando aquellos aspectos cotidianos que, en el marco orgánico de lo sincrónico, aporten calidez y cercanía.

No es posible obviar las vivencias personales, que no han de ser necesariamente físicas. Se trata de una dilección intelectual que permite proyectar en el pasado toda la energía del presente. De alguna manera, la novela histórica supera la propia historia en el sentido de que nos permite, como "una cámara panorámica", viajar a otro tiempo para comprender las épocas precedentes y a las personas que vivieron en ellas, ayudándonos a interpretar mejor el tiempo que nos ha tocado vivir y ampliando el horizonte de las posibilidades, como un calidoscopio donde cabe la antropología, los registros sociales, el arraigo religioso, los criterios morales, la radiografía completa de un tiempo y un espacio, en la que, sin violentar la honestidad histórica, nos hallamos ante un espectrograma íntegro. El tiempo es sin duda el vértice que entiba los procesos históricos y permite, a la vez, la confrontación de estos con la virtualidad proteica de la secuenciación literaria.

La temporalidad, el sentido del tiempo al que se refería Gadamer (1993: 32), viene marcado, cuando nos referimos al hecho histórico, por la férrea cronología; pero, cuando se trata del texto literario, permite abrir dimensiones inusuales, desconocidas y hasta futuribles, lo que no es posible bajo ningún supuesto en el terreno de la historia, sometida a lo acaecido y con muy poco margen para predecir lo posible. Es evidente que la conciencia del tiempo, fundamental en la redacción de la historia, solo puede organizarse como una secuencia narrativa. Esto que, aparentemente, establece la clave de afinidad entre la Literatura y la Historia permite la lectura diversa de su diferenciación. La Historia siempre ha de referirse a la concreción de lo vivido por los hombres y mujeres que habitaron en un cierto tiempo y espacio; o lo que es lo mismo, no hay historia sin ser humano Pero también es cierto que individuos y sociedades comparten la estructura básica de la temporalidad, articulada en torno a la coexistencia presente de las experiencias pasadas y las expectativas, solo expectativas, en relación con el futuro. Esto significa que no es posible articular un relato, sobre todo histórico, como un proceso puramente interno, es preciso contar con el sistema de vínculos sociales donde se despliegan las vivencias individuales (Ordóñez, 2008: 215).

Connerton (2002: 21) señala que toda acción particular debe situarse en el marco, al menos, de estos dos contextos referenciales: por una parte, la historia vital del agente y, por otra, la historia de los ambientes sociales en los que el agente ha vivido. Porque, en definitiva, la narrativa de una vida es parte de un juego interconectado de narrativas. Es evidente que tanto el historiador como el creador son hijos del tiempo

histórico en que se desarrollan las historias particulares, por lo
que la inserción de estas en el contexto social permite construir
un canevá proteico mucho más aproximado de la "verdad",
que lógicamente nunca podrá ser absoluta por la necesaria selección del historiador a la hora de conformar el relato.

El narrador, sin embargo, no tiene por qué someterse a esta
férula restrictiva de lo documentado y cronológico, por lo que
el isomorfismo que se establece entre la conciencia individual
y la social queda relegada a un segundo plano, lo que abre in-
finitamente las posibilidades narrativas que vinculan memoria
e imaginación, ampliando tanto los "espacios de experiencia"
como el "horizonte de expectativa", de los que hablaba Koselleck (2004: 255). Sea como fuere, lo que no puede negarse es
la interrelación que se establece entre literatura e historia, sobre
todo cuando la literatura sustituye a la historia en la transmisión de vivencias individuales y hechos sociales.

Mariluz Escribano se mueve en un ámbito de acción donde
la ficción y la historia juegan roles complementarios. En su
afán de trazar un relato verosímil que entibe su experiencia y la
trascienda, confiere a la historia capital importancia, impelida
por la exigencia de restituir las injusticias del pasado y remediar
los posibles errores del futuro:

La historia vivida, la historia perdida, el sufrimiento de las muertes
sin sentido de aquella guerra, la represión y la lucha contra esa
represión que dejó tanto sufrimiento, los fantasmas del pasado que
no debe olvidarse para que no se repita. (Escribano, 2017: 445)

En la diégesis enunciativa, la mímesis intrahistórica adquiere tintes de incontrovertible verdad:

La herida de tu muerte permanece, se enciende cada tarde en
las alturas, duerme conmigo, al fin, y se despierta en el albor de

las mañanas. Que digan lo que quieran los que quieren ceniza sobre el tiempo, borrar un genocidio, historia terminada, borrón y cuenta nueva. Pero yo lo repito: no se ha cerrado nada, ninguna llaga abierta, mientras sigan rodando los huesos de los hombres, mendigos de una casa, lejos, en tumbas comunales, desprovistos de afectos y cipreses.

Han pasado los meses con sus frutos. Setenta primaveras y veranos, setenta otoños con sus oros, setenta inviernos y sus nieves. Setenta veces siete pasarían y tu sangre salpicaría mi casa, mis costumbres, mi mesa, el pan que me alimenta, el hábito diario de pensarte. Es muy honda la herida de tu ausencia, es profundo el dolor con el tiempo pasado, no es fácil entender las cosas de los hombres: inquinas y violencias y disparos sobre el pájaro libre de la Historia.

Padre, hoy regresa septiembre y, con él, la nostalgia. Te he buscado en el viento de las atardecidas y he contemplado un vuelo de palomas mientras el ruiseñor pasaba como un rayo, como un rastro de luz. Los colores enfermos del poniente presagian una dulce madrugada. Una vez más mañana será tarde para encontrar tus huellas, la sombra de tu altura, los violines, las arpas de tu vida. Siento que llego tarde hasta tu encuentro, y es triste mi pasado y tu presente, y es triste el tiempo y todo es triste. Quiero una explicación para tu muerte. (Escribano, 2010: s. p.)

Como manifiesta Remedios Sánchez García (2013: 19), en la escritura de Escribano nos encontramos ante una obra plurisignificativa en el rescate de la memoria histórica anegada por el paso del tiempo. Esta esencial característica permite al lector incorporar su experiencia, situarlo en el escenario vital que la conforma y hacerlo sentir parte de ella.

No se levantarán las iras si sabemos dónde están nuestros muertos. Dónde sus huesos blancos en tierras ignoradas, el lugar donde crecen desolación y hambre. Habrá paz necesaria entre todos nosotros.

La oscuridad no es buena para acunar a un hombre. Una vida merece canciones y poemas, la costumbre del beso, esa liturgia breve de un rezo en la distancia o en la casa de Dios. Muchos descansaremos cuando el tiempo apacible del recuerdo, invada nuestras casas. Cuando la luz de la Justicia arroje a puñados la luz. Se izarán las banderas doblegadas, cantarán las campanas, iremos caminando hasta el lugar donde en granito y piedra se esculpan nombres, se desvelen vidas, se corte esta sangría de dolor y de polvo, esa increíble angustia de los desheredados y los muertos. (Escribano, 2010: s . p.)

Cuatro son los textos de carácter narrativo que jalonan la trayectoria como narradora de Mariluz Escribano: *Diálogos en Granada* (1995), *Papeles del Diario de Doña Isabel Muley* (1.ª ed., 1996 – 2.ª ed., 2008), *Cartas de Praga* (1999) y *Los caballos ciegos* (2008), y todos ellos tienen ese marcado carácter de interacción recíproca entre lo literario y lo histórico que cimienta el sentido último de su producción artística.

1.2.1. *Diálogos en Granada* (1995)[1]

En tándem con Tadea Fuentes, compañera en las lides pedagógicas y en el devenir de la vida, Mariluz escribe doce de los dieciséis relatos que componen esta obra, en palabras del prologuista, Manuel Orozco (1995: 9), "pequeña joya de prosa poética, y casi simbolista […] una original aventura por lo que tiene de novedoso hilvanar el pensamiento ante las estampas amarillas de paisajes y seres perdidos en la niebla del tiempo". La historia trasparece empapada de recuerdos amicales que se

---

1   El libro se acabó de imprimir en el día del Señor, 16 de enero de MCMXCV, festividad de Santa Estefanía, en los talleres de Anel, en la ciudad de Granada, bajo la dirección y el cuidado de las autoras.

enhebran en el pensamiento y dejan que, en el ínterin, la voz poética irradie:

La mañana tenía una luz de membrillo
y los tilos presencia de cristal de los pájaros,
desterrados aromas de sus ramas tan frágiles
que interrogan espacios con ademanes quietos.
(Escribano, 1995: 17)

El prologuista nos remite al cuidado lenguaje de la obra, pleno de "canto elegíaco y aural lozanía, transido de realismo y sueño juntos" (Orozco, 1995: 9). Es, en definitiva, lo que hemos considerado inexcusable alianza entre literatura e historia. Pero Mariluz no pretende esa ostentación cinematográfica de las grandes gestas sino, muy al contrario, nos remite a la intimidad de lo cotidiano, plena de realidades aparentemente invisibles: las plazas con sus farolas de luz titubeante, la sombra húmeda de las calles, los árboles desnudos en las mañanas frías, el batiburrillo de las platerías y las tiendas de seda, el río áureo y escondido por la estulticia del asfalto, la visión de una ciudad torturante y atormentada que refleja, como un escenario mudo, el clamoroso incendio de la soledad. Tiempo y recuerdo se alían en este émbolo de sensaciones que se libera en el diálogo de las dos agonistas esenciales de una obra empapada de armonía y de belleza. Parece ser que todo comienza cuando Tadea Fuentes recupera viejas fotos de sus antepasados y propone a Mariluz transcribir literariamente todo el caudal antiguo y en cierto modo evanescente que, a través de ellas, se desvelaba (Gil Craviotto, 2020: 34)[2]. Evocando estas fotografías familiares,

---

2   En el libro aparecen algunos dibujos de Granada cuyo autor es Enrique Villar Yebra.

en difuso blanco y negro, retocado tono sepia o desvaído cromatismo, documento fértil de la historia, Escribano y Fuentes van radiografiando las plazas, los interiores, las tiendas, los cármenes y jardines, las calles, los meses y los días, la nieve…, envolviéndolo todo de un aire decadente y romántico, dotado de una poderosa poeticidad. La descripción enumerativa de los pequeños detalles domésticos, de las costumbres ancestrales, de los jardines plenos de flores y frutos se convierte en afiligranado encaje léxico y nos atrae a la memoria el tiempo recobrado, donde el fulgor y el trasiego de las historias particulares se desvanecen disímiles para condecirse en el enigma de un común interrogante, el *ubi sunt* que todo lo iguala y lo adelgaza en el conticinio incesante de la general historia: "¿De qué hablaban? ¿Dónde encontrar sus demoradas palabras ahora? ¿Qué sueños imposibles verbalizaban aquella tarde de sopor? […] ¿Dónde están?" (Escribano, 1995: 29-30); y, por ende, en el aciago final que nos anuncia nuestra friable y efímera naturaleza: "¡Qué pronto pasará a la historia esta primavera malva, este jardín delicadamente morado!" (Escribano, 1995: 61). Y, en el centro de este íntimo universo, como telón de fondo, Granada:

> Granada, sí, en la lejanía y en lo cercano, en la intimidad y el desasimiento que viene a ser lo mismo: un sueño profundísimo de ciudad intemporal, vencedora –pese a todo– de la historia, de los años que la han conformado en la derrota y que van dejando su rastro de despojos hasta la sangre o las heridas incruentas, no por ello menos feroces. (Escribano, 1995: 94)

1.2.2. *Papeles del Diario de Doña Isabel Muley* (1.ª ed., 1996 – 2.ª ed., 2008)

El filósofo húngaro Georg Lukács (1937: 31), polifacético político, esteticista, crítico e historiador literario, definió con propiedad la novela histórica como la cosmovisión realista y costumbrista de un sistema de creencias y valores relacionados con una época histórica preferiblemente lejana, donde se narran hechos verídicos aunque los personajes principales sean inventados, lo que no quita que se dé la opción opuesta en la que personajes de histórico renombre protagonicen acciones ficcionales. Pero, como en la variedad está el gusto, es complejo demarcar con exactitud los límites precisos entre la novela histórica, radicada en el siglo XIX como derivación del espíritu romántico, y la novela pseudohistórica del siglo XVIII, caudal de moralina; o la novela de aventuras, al modo de los Dumas, sobre todo las del celebrado padre; o la historia novelada en que los hechos históricos predominan palmariamente sobre los hechos inventados. Y si nos alejamos en la historia de los seres humanos, ¿qué –sino historia mítica– son las epopeyas clásicas, *Ilíada*, *Odisea*, *Eneida*? ¿O en qué género podríamos encuadrar la obra cumbre de Chrétien de Troyes, secundado por Jean Bodel, ambos –por cierto– poetas, cuando este acuña la recreada patente de la Materia de Bretaña? Realidad y leyenda solo alcanzan a consolidarse como género literario en el siglo XIX a través de la veintena de novelas del erudito escocés Walter Scott (1771-1832) sobre la Edad Media inglesa, propagador del romanticismo alemán en Inglaterra, siendo pionero y ariete de una fecunda generación de narradores.

Porque la novela histórica no es una novedad de nuestra época. A nadie, meramente cuerdo, confunde la idea de creerse poseedor absoluto de la quimérica originalidad. La novela histórica nace como expresión artística del nacionalismo de los románticos y de su nostalgia ante los cambios brutales en las costumbres y los valores que impone la transformación burguesa del mundo. Inconformistas y atrabiliarios, los autores románticos se refugian, como el quejumbroso Jorge Manrique, en el parecer de que cualquier tiempo pasado fue mejor; lo que no significa que, en toda novela histórica, se plantee la crítica del presente, esa doble lectura que nos remite irremisiblemente de las causas del pasado a las secuelas de la época actual.

Asunto obsesivo y monotemático del género ha sido la guerra civil, donde brilla Sender con luz propia, y la dictatorial posguerra franquista, cuya indagación llevaría a una interminable nómina de títulos. No es desdeñable ni escaso el conjunto de novelas dedicadas a la guerra de Marruecos, entre las que sobresale *La forja de un rebelde* (1941-1946), trilogía autobiográfica de Arturo Barea. Sobre el mestizaje de españoles e indios, Salvador de Madariaga nos ha legado el excepcional testimonio de *El corazón de piedra verde* (1942). Parecido carácter de relación entre culturas hallamos en *El manuscrito carmesí* (1990) de Antonio Gala, *El juego de las aguas* (1998) de María Amor y Javier Martín Fernández y las originales contribuciones que nos ofrece Jesús Sánchez Adalid quien, desde *El mozárabe* (2010), nos aporta una visión realista de la historia de al-Ándalus en una ininterrumpida sucesión de títulos que, por su extensa documentación y sus sazonadas descripciones, nos transportan a la vida cotidiana de los cordobeses medievales en el controvertido estado de la triple convivencia.

También en colaboración con Tadea Fuentes Vázquez, Mariluz Escribano se inmerge en el relato histórico, legándonos la singular novela *Papeles del Diario de Doña Isabel Muley* (1.ª ed., 1996 – 2.ª ed., 2008)[3]. Se trata de una historia apasionante acerca de la tataranieta de doña Isabel Muley, bastarda del gran

---

3   Manejo la edición de 1996, publicada en Granada, en la colección Ojos claros, dirigida por la propia Mariluz y su más íntima colaboradora Remedios Sánchez García. Las preciosas ilustraciones se deben a la pintora y grabadora granadina (Alcalá la Real) Dolores Montijano. Escribano reedita la novela en la Fundación Vilpomas en 2008.

Duque[4], y la cautiva Zoraida, también conocida, tras la Guerra de Granada, con su nombre castellano, Isabel de Solís, esclava cristiana que se convirtió en la segunda consorte del sultán del Reino nazarí de Granada Muley Hacén –o Mulhacén– en 1474[5]. Concebida como un relato a dos voces, la monja Isabel y el Dios invisible al que se dirige la agonista para justificar su progresivo desencanto o su incapacidad de asumir lo que considera inasumible: la autenticidad de su vocación, Mariluz Escribano adopta la voz de la joven novicia enfrentada, como el _San Manuel Bueno, mártir_ (1931) de Miguel de Unamuno, a su silente agnosticismo. El texto se configura como un abstruso diálogo entre la joven Isabel y la figura deífica que aspira a convencer a la desolada resiliente, mientras ella busca una salida, intentando explicarse el porqué de un Dios olvidadizo y hasta displicente que se goza en el dolor y no es capaz de manifestarse más que a través del sacrificio, de la terrible imagen de la cruz:

¿Pero a ti qué te importa el dolor, ni el mar, ni la compasión, ni mi silencio? [...] Olvídate de ti, del espejo, de la cruz, del amor

---

4   En el texto de Escribano y Fuentes, aunque históricamente corresponde al monarca Muley Hacén.

5   La primera esposa fue Aixa, madre de Boabdil, último rey de Granada. La torre de la Cautiva en la Alhambra lleva este nombre en recuerdo de Isabel de Solís. Para saber más sobre esta figura histórica y su descendencia, véase Alberto Martín Quirante: Nuevos datos sobre la familia real nazarí: la penúltima sultana granadí Soraya / Isabel de Solís y sus posesiones en el Realejo de Granada; y su nieta doña Isabel de Granada, una piadosa cristiana. _Sharq al-Andalus_, 20 (2011-2013): 441-467. Gabriel Pozo Felguera (1 de octubre de 2017). Tras los rastros de la dinastía nazarita (1237-1492) ¿Dónde están los descendientes de los emires del Reino de Granada? _El independiente de Granada_. Y Luis del Mármol Carvajal, (s. f.) Un rey para los moriscos. Descendencia de Muley Hacen y Zoraya. http://www.adurcal.com/enlaces/cultura/zona/historia/tres/infantes.htm.

de las palabras. No tengo otra razón que te convenza más clara que esta música, ningún lugar en qué darte una cita, ninguna escala, ni cima de montaña, ni abrazo, ni fuego, ni susurro más mío que esta música. Si pruebas a dejarte llevar por el misterio, si descansas un poco de ti misma, y de mí y de la luz que te atormenta las sienes, entonces, cuando sepas que naciste tan sólo para ser esa música, comprendas. (Escribano y Fuentes, 1996: 46)

Las interrogantes son la piedra de toque de un relato perturbador y desasosegado, una historia marcada por el estigma de sus antepasadas, litigando entre el sometimiento de la vida retirada y el irreprimible desacato en contra de lo normativo: lo moral y lo social debatiéndose en un tenso diálogo que proviene de la consideración más que justificada acerca de la oscura noticia que siguió viva en su recuerdo y el otro vértice del triángulo que nunca llegaría a interpretar. El asunto, de carácter ficcional, porque parece demostrado que la estirpe directa de Zoraida y Muley Hacén se extingue con los tataranietos don Juan y don Hernando de Granada que murieron sin descendencia durante el reinado de Felipe II, alcanza hasta el tiempo en que doña Isabel Muley ingresa en el convento sin demasiada convicción, siguiendo el ejemplo de sus tataratías, conminadas a ingresar en el servicio de Dios, apremiadas por la convenciones de la época y la pobreza a la que se vieron sometidas.

Mariluz Escribano y Tadea Fuentes crean un personaje en el que vierten las dudas de su existencia con la apoyatura conceptual de una historia anclada en el pasado que hinca sus raíces en la ciudad de Granada y en las relaciones, en su mayoría tensas, entre moros y cristianos; cuestiones de religión y poder que las autoras trasladan a la época contemporánea recuperando del pasado la imagen de la polémica antepasada que "vuelve a correr riendo por la orilla del río" (Escribano y Fuentes, 1996: 38).

Escribano no titubea. En el origen de la narración nos plantea el conflicto. Dios es un perpetuo enigma, alquimia del alma, elaboración mental, quimera inconquistable: "aunque lo busco con ahínco, con fervorosa atención, no lo encuentro [...] A Dios lo construyo yo todos los días como un ser que me acomoda a un estado espiritual, a mi necesidad más perentoria, a mi angustia, a mi pobreza" (Escribano, 1996: 5). Y así continúa estableciendo un monólogo duro, intransigente, que la enfrenta a su propia incertidumbre, a la inherente flaqueza de la naturaleza humana:

> ... el Dios que yo conozco es un ser que calla, silencioso, que no comunica nada que tú, previamente, no hayas elaborado en tu corazón. Dios es tan frágil como tú. Tan quebradizo como tu pensamiento. Tan falto de serenidad como tu propia ansiedad. Estoy por decir que Dios soy yo misma: débil, enfermiza, serena, entusiasta, desencantada, versátil en suma. Por eso yo no puedo cuestionar a Dios: me cuestionaría a mí misma. Dios, en todo caso, prolonga mi sombra. (Escribano, 1996: 6)

Se advierte con claridad el dolor íntimo que provoca en Escribano esa presencia/ausencia de Dios en el devenir de su existencia. Los seres humanos nos aferramos, a veces, a metáforas vacías o gastadas figuras retóricas. Necesitamos creer en ciertos postulados, como el de la existencia de Dios, de la que no tenemos prueba inteligible alguna ni reflexión o creencia plausible que garantice su presencia. Es precisamente esta necesidad la que establece el asimiento de Dios a nuestras rutinas de discurso, pero de manera agonizante, como un fantasma de la gramática o un fósil fijado en la infancia del habla racional. Tal vez sea el acto de creación humana el que justifica esta presencia y la dota de realidad, el que infiere su posibilidad y la materializa, convirtiéndola en trascendente (Steiner, 1991: 13 y 14).

Contemplar la inmensidad del universo [...] me reconcilia con la idea de Dios y dialogar con Él no parece tan difícil. En cada estrella pequeñita, en cada sol de esas miles de galaxias perdidas, puede estar escondida la omnipresencia de Dios, aunque yo creo que Él no necesitaba de alardes como estos [...] Dios no necesita estrellas para parecer importante. Somos nosotros y nuestra pequeñez los que necesitamos de los grandes gestos para sobrellevar nuestra miseria de humanos. La pregunta sería, pues: ¿por qué nos creó tan débiles, tan frágiles, tan vulnerables? Lo dice la Biblia: Dios creó al hombre a su imagen y semejanza. Si esto es así, Dios no es más que una hermosa palabra necesaria e imprescindible. (Escribano, 1996: 93)

Sumida en este palpitante vértigo, las autoras crean un *alter ego*, Chesca, que las liberan del agónico esfuerzo por comprender lo inefable. La retórica epistolar se caracteriza por una doble orientación en el supuesto enunciativo, un cambio de perspectiva que compete tanto al narrador como al lector. En el primer caso, este tú permite a las creadoras desdoblarse para no perderse en su soledad; pero hay una segunda intención objetivable, la de establecer un enlace inclusivo con el lector, hacerlo partícipe de la acción y que sienta como cotidianas, naturales y propias las vivencias expresadas por las narradoras. Así no resulta tan insoportable la carga del recuerdo, en este caso, el haber perdido la infancia por la capital ausencia del padre, asunto que no se menciona en el texto pero que se intuye latente en la delgada línea roja de la execración: "¿Por qué se perderá la infancia cuando es la única época de la vida que justificaría la idea de un Dios amable y creador, ajeno a la tristeza, responsable de la hermosa paz que aureola todas las infancias?" (Escribano, 1996: 52). Quizás por esta sinrazón que la atenaza, las autoras litigan contra sí mismas en un aciago *vis a vis* que finalmente no haya una lúcida respuesta: "Me gustan los ateos, no puedo remediarlo. Se lanzan más allá de sus límites, otean la pequeña intensidad que abarcan y concluyen: la soledad es nuestra" (Escribano, 1996: 60). Es indiscutible el halo de libertad que niela esta obra. En esta lid interior, Escribano y Fuentes van forjando en tándem una identidad bravía, en ningún caso belicosa, enfrentándose a sus interrogantes, y Dios lo es, con resignación, ya que no les es posible asumirlas con mansedumbre: "Es demasiado pesada su carga como para aceptarla frontalmente [...] Dios es una perfecta interrogación" (Escribano, 1996: 113). Y esta afirmación, que se revela palmaria en este texto, deviene absoluta verdad en su obra poética donde la presencia de Dios es casi invisible, como su misma acción sobre el acaecer del Mundo.

> Te vas, te vas y yo me quedo
> como cauce sin río, sin orillas,
> como agua sin juncos que buscara
> los caminos del trigo inútilmente.
>
> Sin voz estoy, sin voz, sin tu palabra
> en el espacio urbano donde vivo,
> donde conmigo habita la nostalgia
> la cumplida tristeza del olvido.
>
> Si regresa, no sé, si regresaras
> en cualquier ocasión del calendario,
> quizá la lluvia bajaría alegre
> al otoño amarillo de los parques.
>
> Te me vas, tú te alejas migratorio
> y aunque sé que ya vuelves, que retornas,
> desde el umbral de octubre yo te grito:
> vuelve, regresa al fin, duerme, descansa. (Escribano, 1996: 119)

1.2.3. *Cartas de Praga* (1999)

El carácter valiente, casi aguerrido, de Mariluz Escribano, fraguado a fuego lento en el devenir de su historia, nos lleva a un hermoso libro, publicado en la colección literaria Extramuros de Granada en 1999, que José Luis Gómez Barceló (1999: 2) categoriza como un magnífico ejemplo de prosa poetizada, donde cada carta es un pequeño tesoro, pleno de hermosura; la obra de una hechicera de las palabras, desgranadas con tanta perfección como destreza. Julio Alfredo Egea (1999: s. p.) va más allá, señalando que "los cortos capítulos que conforman cada epístola guardan una armonía de versos medidos; son redondos poemas, como recluidos en el disimulo de formas de la prosa, como expresando y queriendo esconder entre renglones el infinito dolor de la nostalgia". La propia Mariluz expresa su asombro ante el tono lírico del libro:

> Yo tengo una manera de escribir, pero no me he preocupado de escribir un libro en ese tono. Luego, cuando he releído el libro me he dado cuenta de que está lleno de endecasílabos, eneasílabos y otras cosas más, lo que le ha dado cierto ritmo a la prosa casi poético. (Escribano, se citó en Tapia, 1999: 63)

Si en *Papeles del Diario de Doña Isabel Muley* nos enfrentaba a la contienda existencial sobre la virtualidad de Dios y su imperceptible presencia en los avatares del mundo, ahora nos lleva al territorio poco explorado del amor lésbico. Luis García Montero (1999: 14), el autor del prólogo, declara que la "literatura, como la vida, es un laberinto de identificaciones, una exposición objetiva de testimonios que acaban en confesión, en biografía, en verdad profunda". Lo de menos es que esto sea verdad o no; lo auténticamente importante es que la literatura sea capaz de captar la verdad de lo que acontece en el universo de las emociones. ¡Cuántas manifestaciones literarias han puesto en boca de hombres los sentimientos de las mujeres y cuántas mujeres han escrito tras la máscara de los hombres alcanzando cotas de extraordinaria notoriedad![6]

Escribano nos relata la historia de Paula Closz Segovia, la chica argentina que se asentará, a finales de 1979, en una casa con jardín en el barrio alto de la Almanzora, justo al lado del domicilio de la narradora, que llegará a ser albacea de las cartas que Paula recibe de su amante, residente en la monumental y decadente ciudad de Praga. En este juego de identidades se conjugan tres personalidades literarias perfectamente definidas. Mariluz recrea en un breve preliminar la figura de la narradora, una primera persona periférica que, al modo de Cervantes cuando relata el quimérico periplo de Alonso Quijano, dice haber asumido el encargo de abrir y leer la correspondencia recibida de Praga, así como algunos otros enseres y documentos de la misteriosa Paula. En la precipitación del viaje de regreso a Argentina, Paula olvidará también las cartas anteriores, por lo que requerirá a su compañera epistolar, en llamada urgente desde el aeropuerto de Heathrow, en Londres, para que las conserve hasta su retorno a Granada o, en caso de estabilizarse, remitírselas a su Argentina natal. Mariluz asume de nuevo una identidad ficticia para transmitirnos, con aliento de libertad, sus entrañadas emociones: "el amor, la nostalgia, la música, la recreación de un paisaje estético, la temblorosa verdad del lenguaje" (García Montero, 1999: 130). Así se nos presenta

---

6 Mariluz confiesa que escogió el tema, que ella considera pretextual, de este imaginario amor lésbico por diferentes razones, explicitando que el amor entre un hombre y una mujer le parecía más aburrido y pretendía darle al relato un poco más de morbo y, sobre todo, porque la sensibilidad de la mujer es diferente a la del hombre y lo que quería manifestar fehacientemente era su relación personal con Praga, la ciudad que quedó en su corazón (se citó en Tapia, 1999: 63).

"como un personaje más de la ficción, un testigo privilegiado, alguien que tiene la suerte de contemplar la vida en un momento de plenitud" (García Montero, 1999: 130). La narradora inaugura el discurso narrativo, situándonos en el contexto de estas cartas sin respuesta, para clausurarlo en un breve epílogo donde explica las circunstancias últimas de la vida, ficticia o no, de Paula Closz, fallecida en un accidente en la provincia argentina de Rosario, dejando "en la boca el agridulce sabor de una amistad quebrada" (Escribano, 1999: 83).

Constituye la médula del libro el corpus de la correspondencia enviada desde Praga a la joven argentina por su amante checa, verdadera agonista de la obra, aunque ni siquiera conocemos su nombre. El género epistolar, al que Escribano tiene una especial afección, nos permite conocer los detalles de una pasión en la distancia ciertamente enternecedora:

> No obstante su natural reserva en torno a los acontecimientos que habían provocado su precipitada salida de su país, conmigo siempre mantuvo unos niveles de confidencialidad muy altos que me permitieron estar al corriente, por ejemplo, de su vida sentimental. Hasta tal punto de que me invitó, de la manera más natural a leer la correspondencia que, casi a diario, le llegaba desde Praga, sabedora, como era, de mi entusiasmo por el género epistolar, sobre todo cuando éste está bien escrito y es espléndido vehículo de sentimientos de amor o amistad sinceros y ardientes. (Escribano, 1999: 20)

Paula, central en su significado, no es más que el nexo de unión entre la narradora, de la que tampoco conocemos el nombre, y la remitente de las cartas, transida entre el dolor de la ausencia y la cercanía de los recuerdos. En el conjunto de las treinta cartas, enviadas casi a diario desde la bellísima y encallecida Praga, se revela el anhelo y la angustia de la desesperanzada amante, cuyas confesiones nos remiten a una historia de amor intemporal (Rodríguez Moya, 2020: 134). El tono de elevado erotismo, poco común en la literatura española, se halla a la altura de las mejores narraciones sobre tan celada y sicalíptica temática, en especial cuando se tratan asuntos tan sensibles como el amor sáfico:

> Amadísima:
> Cuando regrese, ay, cuando regrese… Colocaré sobre tu vientre, terso, duro y espléndido, un racimo de uvas maduras. Esas uvas que, en octubre, todavía conservan el aroma del terrón de los majuelos, el aire luminoso de los cielos radiantes, lo dulce de la miel. Uno a uno iré apresando los granos con mis dientes mientras tú te humedeces, rosada y soñolienta, con su zumo. Descenderé por tus acantilados, habitaré tus rincones con mis dedos indecisos, separaré asombrada tus muslos apretados, y el amor cumplirá así su rito de octubre y haremos oídos sordos al transcurso de las horas y los días, en tanto que nuestra habitación, visitada por los dioses, se inunda de la tenue luz cárdena del atardecer y de la lluvia. Alma mía, tu cuerpo es una espera prolongada y difícil.
> Un abrazo largo y fuerte, hasta el límite de tus deseos (Escribano, 1999: 47)

Un libro de viaje a la vez, donde se describe con sutil delicadeza el recorrido sentimental por los lugares de Praga, unido siempre a la evocación amorosa y al deseo sensual:

> Las calles esconderán nuestros besos furtivos y en las plazas los niños alentarán sus sueños mientras juegan. En tanto, desde la plaza de Staromeské, imagino que te encuentras conmigo y me das la mano para pasear juntas por Pariská, camino del barrio judío. (Escribano, 1999: 25)

Pero no se trata de una bitácora de navegación al uso porque el desplazamiento no es territorial sino anímico, más bien nos enfrentamos a una búsqueda incesante por las calles y plazas conocidas que registran intuitivamente las emociones y las vivencias a fin de recuperar el vacío de la amada que le permita volver a ser feliz, a reconciliarse con su entorno y con ella misma; la geografía sentimental que transverbera todo el texto paliando el desconsuelo que provoca la ausencia de Paula y la evocación constante de los espacios donde el amor dejó su incandescente huella:

> Estoy triste esta tarde, embargada por el recuerdo de un ayer venturoso a tu lado. Desde las alturas de la suave colina de Malá Straná, en la iglesia de San Nicolás, miro al día desaparecer, como hace siglos, encendido en ocres y verdes. (Escribano, 1999: 27)

Presente está la imagen de Granada, asociada a la fatalidad de la guerra, el ominoso exilio, la reivindicación machadiana de la concordia y el símbolo capital de la bandera anunciando, con música callada, un desolado acento:

> ¡El viejo cementerio judío! Más de doce mil estelas funerarias, superpuestas unas a otras: piedras tristísimas, horadadas de tiempo, borradas en sus nombres, agotadas de lluvia, edificada sobre la nada de gentes sin historia. Desde el siglo xv, unos hombres sin patria caminaron hacia una casa de piedra para cubrir sus cuerpos con la tierra acogedora de Praga [...] Dejaron otros hogares, otras canciones, otras muchachas, otra tierra de trigo feraz y arrulladora y alguien les cercenó los pies para el regreso. Y allí permanecieron, enarbolando sus pequeñas banderas de pueblo perseguido, su honda voz de tristeza permanente. Los judíos españoles edificaron aquí una sinagoga que recuerda la Alhambra, y, desde el siglo xvi reposan, gloriosamente anónimos,

después de abandonar sus campos de Castilla, en el cementerio de la vieja ciudad. (Escribano, 1999: 71-72)

Paisaje y ser amado se trasfunden en un escenario idílico donde la memoria es el único resorte que permite afrontar el aciago destino de la separación frente al irrefrenable acicate del deseo:

> Tus ojos, Paula, deberían haberse incendiado con el ocaso de esta tarde, justo en el lugar en el que se abrazan, enamorados, el Elba y el Vltava. Así, como esos ríos caudalosos, querría yo fundirme contigo. Tus aguas y mis aguas unidas hasta el mar frío de la muerte y más allá del tiempo que no existe. (Escribano, 1999: 37)

Como nos recuerda Lara Nieto (2020: 149), el juego simbólico entre la vida y la muerte, al que hemos aludido, deviene insoportable cuando la distancia es un abismo donde solo habita la dolorosa soledad, dolor acrecido por el irremisible paso del tiempo que tiende a desvanecerlo todo: "El tiempo borrará, Paula, tu nombre, y quedará un hueco en ese aire transparente de Praga, mientras transcurren años y las gentes transitan por las piedras oscuras de sus calles y plazas" (Escribano, 1999: 65); pero lo más terrible, lo más inasumible es la pérdida del amor, la terrible fatalidad del olvido al que finalmente queda condenada la abandonada amante: "Si no me amas, Paula, si algún día me olvidas… Si dejas sin respuesta tanto amor de mis cartas, algo en mí se introduce, como un cuchillo inhábil" (Escribano, 1999: 81).

1.2.4. *Los caballos ciegos* (2008)

El profesor Morales Lomas (2020: 156-157) considera que el título, *Los caballos ciegos*, encierra ya toda una declaración de principios, en cuanto, por su simbología, confiere una fascinante asociación entre el sentimiento de libertad y fortaleza del mítico animal y la castración de su instinto sometido al trágico estigma de la ceguera[7]. Es la propia Mariluz Escribano la que explica la razón de tan sugerente y hasta inquietante título. Aunque responde a una colección de relatos, en su origen, *Los caballos ciegos* no era más que el título de un cuento que nunca llegó a escribirse, porque quizás su verdadera intención era invitar a la gente a evocar y relatar la triste historia de unos caballos de carreras a los que unos desalmados dejaron, sin piedad alguna, ciegos (se citó en Tapia, 2008: s. p.)[8]. El impactante título nos remite a la pertinaz idea de Escribano para incorporar a su privativo mundo historias asimiladas del inconsciente colectivo que Jung interpretaba como el sustrato sicológico común a todos los seres humanos (se citó en Sánchez García, 2008), lo que nos lleva a reflexionar sobre la virtualidad ecdótica de la imaginación que aúna lo real y lo ficticio suministrando a la personal materia narrativa un carácter ecuménico, proclive a ser interpretado en toda su complejidad[9]. En definitiva, lo que

---

7 Morales Lomas (2020: 156) realiza en este trabajo una sucinta enumeración de los diferentes nombres míticos aplicados al poderoso animal: Sleipnir, Pegaso, Unicornio, Hipocampo. El crítico asocia también este título a uno de los poemas de Federico García Lorca en el libro *Poeta en Nueva York*, donde queda escrito: "Cuando me quedo solo / me quedan todavía tus diez años, / los tres caballos ciegos / tus quince rostros con el rostro de la pedrada / y las fiebres pequeñas heladas sobre las hojas de maíz" (p. 157).

8 La ceguera, que conduce a la muerte, va a ser un tema capital y simbólico en la obra narrativa de Mariluz Escribano. *Vid.* el significativo relato "La casona" (Escribano, 2008: 79-82) o el emotivo "Tía Antonieta" (Escribano, 2008: 103-105).

9 En el relato "Días en la ventana" (Escribano, 2008: 63-66), Mariluz secuencia la vida monótona y triste de una familia en la que el padre muere tras una larga enfermedad, truncando los estudios de Biología de la hija y obligando a la madre a un sobreesfuerzo, con horizontes muy precarios, para seguir proveyendo

pretende Mariluz es denunciar la insolidaridad de la gente sumida en la opulencia y la falta de generosidad de los poderosos frente a los desheredados de la tierra; un llamamiento a la memoria y la ternura, para construir sobre las cenizas de lo aciago un mundo respirable (se citó en Tapia, 2008: s. p.).

Los caballos ciegos son un conjunto de treinta relatos cortos en los que la autora refleja, como manifiesta explícitamente Remedios Sánchez (2008: 9), con el mismo dolorido sentir que manifiesta en su poesía, la muerte de los bellísimos mundos de la infancia; mundos que se desvanecen y son imposibles de recuperar salvo en la escritura mágica, en la palabra prodigiosa de autores como Mariluz Escribano. En esta obra, donde queda patente su añoranza del pasado, la transitoriedad de la materia y, sobre todo, la pérdida de la infancia, Mariluz vuelca sus experiencias vitales, su yo más profundo, todos los sentimientos y emociones de una niña transmitidos desde la voz aquilatada y sabia de una mujer adulta, que domina la palabra con acierto poco frecuente y maneja la adjetivación con una maestría admirable[10].

Los comentaristas de esta obra ratifican la idea vertida por la profesora Sánchez García sin discordancia. Manuela de la Corte (2008) escribe que, en este libro, Mariluz Escribano se lamenta de la pérdida de una casa, una gente y un sistema de vida que hicieron de su infancia un territorio grato de cariño y ventura, a pesar de la ausencia del padre y el exilio. Los treinta relatos aparecen situados en Pedrosa del Príncipe, el pueblo

---

a las resilientes de lo elemental para vivir. Una historia inventada que responde con exactitud a la doliente historia de Luisa Pueo y Mariluz Escribano.

10 Mariluz Escribano presentará *Los caballos ciegos* (Devenir, 2008) en Madrid, en un acto donde intervinieron Gregorio Salvador, vicedirector de la Real Academia Española, Remedios Sánchez, profesora de la Universidad de Granada especializada en crítica literaria, y Juan Pastor, director de la editorial.

castellano donde transcurrió gran parte de su infancia, el familiar *locus amoenus* donde ella y su madre descansaban durante el periodo vacacional de los veranos. Juan Luis Tapia (2008: s. p.) se reitera en afirmar que los primeros años de la pequeña Mariluz se desarrollan en el escenario rural de esta aldehuela de Burgos, y así el libro aparece tachonado del fértil mundo de experiencias incesantes que conforman la infancia, pero a la vez encontramos un segundo factor clave en la enunciación narrativa, el desconsuelo de la autora por la desaparición de este mundo feliz y el olvido de todo lo que significó convertido ahora en desarraigo, silencio, soledad y muerte[11]. Y Francisco Morales Lomas (2020: 156) lo explica desde la óptica más autorizada, la que versiona el sentir de Escribano en un intento validable de reencontrarse con un pasado doliente en ese juego de espejos que nos sugiere la memoria.

Temáticas transversales confluyen en estos relatos que, aun plurales y heterogéneos, se vertebran sobre concretos ejes axiológicos. Es variopinta la caracterología de los personajes que protagonizan cada uno de estos relatos, agonistas urbanos y rurales, familiares o ficticios, que se entiban fundamentalmente sobre dos bases etarias: la infancia y la vejez, marcadas por ese fulgor ígneo que Escribano imprime a su prosa y nos permite adentrarnos sin aspereza en las emociones que transmite, plenas de vitalidad y verdad, nieladas por esa intensidad serena que Morales Lomas (2020: 158) define como "misticismo de la cotidianidad". Personajes como la Goya, el bisabuelo José Rosendo, la bizarra

---

11   Referencial del desaliento es el relato "Uno de gorriones" (Escribano, 2008: 71-73), en el que Pablo añora la pérdida de todo lo que significa su mundo cuando sus padres deciden cambiar de domicilio para acercarse al barrio donde habitan sus abuelos. Por el contrario, "La muñeca rubia" (Escribano, 2008: 109-111) nos traslada a momentos de una infancia feliz, teñidos siempre por la pátina gris de la nostalgia.

Dolores, Felines, la tía Agatónica, Tanino o María de la Colina se constituyen en el espejo de una realidad fantasmal, trasparecida en la memoria e inmersa en un abismo de silencios.

Asunto recurrente pero crucial en la taxonomía de Escribano es la imbricación del entorno en el sentir de los personajes, la ambientación que construye el relato y se erige en un agonista más de la historia, recamada por los pequeños detalles que casi siempre pasan desapercibidos para el normal de los humanos. Ciudad, hogar, paisaje, flora, fauna, materia toda con su esencial misión en la naturaleza se alean en la palabra selecta, pulcra, directa y clara de Mariluz Escribano:

> Cuando mi tía Angélica se quedó ciega [...] la casona de mi abuelo, con sus corralizas, sus pajares y tenadas, las cuadras de los ganados y el huerto anexo, empezó a declinar con una lentitud de lluvia [...]
>
> Poco a poco, en muy pocos años, la casa fue sintiendo, como si de un ser vivo se tratara, las heridas de las grietas sobre la superficie de los adobes [...] los interiores empezaron a acusar las heridas de las lluvias por las numerosas goteras de los tejados, el recalo de balcones y ventanas, la rotura de la lucerna que daba luz a la escalera. Un ambiente de humedad se instaló en las paneras, floreció los trigos de las cosechas, impregnó de agua los parajes y las tenadas se vinieron abajo en un silencioso derrumbe.
>
> [...] ya había desaparecido el huerto [...] No estaban ni el lilo ni el jazminero, y los rosales, asilvestrados, se enredaban en los barrotes de la ventana asombrando la estancia y se confundían con los pámpanos y los racimos de uva de la parra que ya nadie recogía. La higuerilla languideció y sólo tenía hojas en las extremidades de las ramas. (Escribano, 2008: 79 y 81-82)

Esta inmanente relación entre continente y contenido, actores y escenarios, naturaleza y personajes se advierte de manera diáfana en los relatos donde Escribano evoca los recuerdos de la infancia, como si, en su afán de protegerse, no quisiera renunciar a nada de lo que fue cobijo y hasta refugio de su silenciada soledad. Así en "Agua de carabaña" (Escribano, 2008: 137), donde recrea ficticiamente la figura del abuelo Santiago, retoma la imagen de la vieja casona, una casa de piedra y una casa de muertos donde solo habitaban silencios, voces enterradas y pasos perdidos.

Sánchez García (2008: 16) observa que, cuando Mariluz se refiere a episodios urbanos, los enmarca en tiempo presente, escogiendo el pasado para referirse a los episodios rurales, en pertinaz evocación de la infancia tachonada de referencias ancestrales y antiguas tradiciones; un modo de proteger el acervo de cultura que el *tempus fugit* va absorbiendo irremisiblemente.

El respeto a la vida en cualquiera de sus manifestaciones fluye en cada página de la obra de Mariluz Escribano porque su dolor es profundo, pero también luminoso; no se adentra en lo oscuro, sino que aflora, se vierte y fructifica en solidaridad rozagante con el que sufre, con el desvalido, con el que solo tiene como bálsamo el fulgor fugaz de la esperanza. Paradigmático es relato "Un día en la plaza", en la que un hombre, acostumbrado a la vida en el pueblo, es acogido, contra su voluntad, por su hija en una ciudad que le resulta desconocida, gris, inhóspita:

> Por un momento sintió su vida traicionada, como si alguien le hubiese robado una historia, una vida entera, la plácida manera de enfrentarse al mundo y a sus años. Se notó malherido, más huérfano que nunca, cansado. Y lloró hacia dentro su sentimiento de intensa e irremediable soledad dentro de la gran ciudad que le rodeaba. (Escribano, 2008: 56)

A este desvalimiento se une el tópico clásico del *beatus ille* y la vida retirada. El protagonista de esta historia evoca con singular pericia las ventajas de vivir en las zonas rurales frente al "escándalo urbano de coches, motocicletas, persianas de tiendas, voces descontroladas" (Escribano, 2008: 54). En su contraste nos muestra "el paisaje abancalado del valle que se abría al mar, ese cielo, maravillosamente azul y alto, por el que circulaban, en vuelos concéntricos y libres, las aves [...], sintiendo el pálpito de una tierra fértil y próxima, el latido de la vida muy cerca de él" (Escribano, 2008: 54-55).

La ancianidad es uno de los temas transversales en la obra de Mariluz, aligado a los sentimientos de soledad, decadencia y muerte. "Últimos días" (Escribano, 2008: 121-124) nos acerca al alzhéimer de María Clara y la distancia que día a día la separa de sus hijos y nietos, quedando en postrera instancia los recuerdos que más duelen. En "Padrenuestros", Escribano (2008: 113-116) asocia la vejez con la religión, como un modo de resiliencia moral o subsistencia. Y, en semejante pero no idéntico orden, "La hermana tornera" (Escribano, 2008: 86) nos remite al silencio íntimo, sin posible retorno, que solo aspira a que de nuevo amanezca "un buen día sol que le permita acercarse a sus pájaros". Desde otro prisma, Mariluz aboga por el respeto debido a los ancianos y así, en el envolvente y mágico relato "María del Rosal", establece un canon incontrovertible, el de la autoridad que otorga el tiempo vivido y la sabiduría de la senectud:

> Cuando la miró su bisabuela, arropada en las mañanitas del sueño, calándose los impertinentes mientras se acercaba a la cuna, dictaminó con una contundencia sin posibilidad alguna de disentimiento:
> —Esta niña se llamará María del Rosal.
> Y todos guardaron silencio, incluidos los padres de la criatura porque la bisabuela tuvo siempre entre la familia, una autoridad indiscutible y un sexto sentido que la hizo caminar por la

vida con acierto y un instinto y perspicacia notables. (Escribano, 2008: 87)

Desgarrador es el relato "El perro" (Escribano, 2008: 41), de una ternura ardida, abrumadora, que se adensa en la piel deviniendo en delatora tristeza: "Al acercarse al almez, Chapín era una sombra oscura, un negro e inmóvil trazo sobre la tierra […] ¡Si ya veníamos, Chapín, si ya veníamos…!". Y no menos estremecedor el titulado "La botella de ginebra" (Escribano, 2008: 75-77), testimonial de las vidas frustradas por la ansiedad y la angustia, abocadas a la embriaguez y, en último extremo, al suicidio, moral en muchos casos, conducente al existencial.

La soledad y la tristeza son claves en la narrativa de Mariluz. Podríamos pensar que se trata de un resorte útil para atraer la memoria del padre asesinado, pero ciertamente empapa toda su narrativa. Solo uno de los treinta relatos tiene como referente la Guerra Civil. Se trata del titulado "La abuela serena" donde Escribano narra cómo esta figura icónica de la familia recibe el telegrama en el que se le comunica el asesinato de su hijo frente a las paredes de un aciago cementerio:

Mi abuela Serena estuvo viviendo lejos del mundo, encerrada en su habitación con vistas a la plaza de los naranjos, durante veintiocho años, diez meses y cuatro días, porque ese fue el tiempo transcurrido desde el asesinato de mi padre por los fascistas en la madrugada del 12 de septiembre de 1936 hasta su muerte el día de la Virgen de agosto, día que cayó en un sábado radiante de luz y silencios, pájaros y pregones lejanos. La jornada en que arribó la noticia del fusilamiento de su hijo Agustín —mi padre— los chicos de los telegramas, alegres como flechas en bicicleta, dejaron en la casa la noticia azul de la muerte. (Escribano, 2008: 149)

Y también advertimos en este relato otra peculiaridad con relación al sentido general del texto. Es el único que se enfrenta francamente a la historia personal de la escritora, sin ambages ni veladura posible, dejando que el dolor prenda sobre el papel del corazón arrasando todo rastro de pavesa o ceniza: "Sabíamos todos, textualmente, lo que el telegrama, sin firma, decía: 'Agustín fue fusilado en las tapias del cementerio de Granada en la madrugada del día 12 del corriente. Mis condolencias'" (Escribano, 2008: 152).

Pero también el amor, improvisado, libre, alimentado por el deseo ferviente de vivir, de no quedarse acartonado entre las páginas de un libro viejo que nunca podremos volver a leer. Así, "El encuentro" (Escribano, 2008: 46) despierta en el lector un estímulo para la libertad, el poder del instinto, la validación del deseo como motor del mundo: "¿Volverían alguna vez? No lo sabían. Pero sí tenían la certeza de que para ambos una nueva vida empezaba". Y el amor pueril, que no se olvida, aunque quede traspapelado entre las hojas difuminadas del corazón; el amor de Nano por Tania transido por la despedida que se convertiría en ausencia hasta perderse en "la conciencia hiriente de las cosas" (Escribano, 2008: 61), o quizás no, latente en la memoria como el recuerdo de "una vieja canción emocionada" (Escribano, 2008: 62).

1.3. La deconstrucción del mito. Experiencia subjetiva y colectivización

El mito es el antecedente nomológico de la novela, asociándola al contiguo género de la historia, lo que Lévi-Strauss (2001: 36) expone sin ambages: "en nuestras propias sociedades la historia reemplaza a la mitología y cumple la misma función". E incluso va más allá señalando que leer varias versiones del mismo mito se parece bastante a leer varias versiones del mismo hecho histórico redactado por historiadores distintos. En este mismo sentido, Brett Levinson (2001: 26) afirma que el realismo mágico, un modo estético clave dentro de la ficción reciente de América Latina, se materializa cuando la historia se revela como incapaz de explicar su propio origen, una incapacidad que tradicionalmente representa la demanda de un mito, el medio que se utiliza para explicar los principios que escapan a la narración de la historia. Pero también el mito nos ayuda a reinterpretar nuestra historia porque integra en nuestro tiempo componentes cardinales del tiempo en que se concibió, por lo que su desmitologización implica una renovada mitificación. Cardinal ejemplo de lo que afirmamos es la obra de la novelista Lourdes Ortiz (1991), a la que Pilar Nieva (2004: 40-55) sitúa entre las creadoras del período de la Transición española (Montserrat Roig, Esther Tusquets, Carme Riera, Nuria Amat, Concha Alós o Ángela Vallvey). Todas ellas llevan a cabo reinterpretaciones de modelos femeninos de conducta que nos remiten, en algunos casos, a mujeres de la Antigüedad Clásica, como las que Homero crea en la *Odisea*, con el objeto de cuestionar, aclarar y reelaborar las imágenes transmitidas por la tradición occidental. Según Laura Freixas (2000: 154), uno de los rasgos recurrentes de las creadoras contemporáneas es la "reinterpretación de arquetipos y mitos femeninos [...] personajes de la mitología o la literatura griega".

El mito es el trasfondo con el que se evidencian los comportamientos y los pensamientos de los seres humanos derivados, ya desde la tragedia clásica, de los dioses a los hombres y entroncados ahora con los controvertidos presupuestos de la postmodernidad. Alicia Giralt (2007: 21), refiriéndose a la obra de Ortiz, destaca sus trabajos por la mirada irónica hacia los metadiscursos: "En sus textos no existe una verdad única en la que puedan creer los personajes, sino que lo más característico es la angustia en que éstos viven". Si bien es cierto que Ortiz reconstruye la historia, su creación literaria se funda en el conocimiento de los contextos sociales, artísticos, culturales e históricos que enmarcan las vidas de las mujeres que recrea. Si nos remite al sustrato de la tradición es para revisarla y reconstruir sobre ella los vacíos no resueltos. Pero Ortiz no se conforma con una mera revisión atemporal, la escritora atrae al tiempo presente el modelo emblemático y nos insta a reflexionar sobre nuestros modos de sentir y vivir, sin olvidar algo tan importante como las técnicas y procedimientos literarios asumidos por los escritores del siglo XXI (Casado, 2012). En definitiva, se trata de establecer la conexión entre el canon clásico y los nuevos cánones, una visión retrospectiva y crítica de la que se ocupa la historia aunque sobre documentos oficiales u oficialistas que tampoco necesariamente se cimientan sobre la estricta verdad histórica. Más bien son interpretaciones y elecciones de quien relata, obviando en aras de la objetividad factores concluyentes sobre el alma de las sociedades y la compleja trama de emociones que mueven los hilos de toda historia.

No nos cabe la menor duda acerca de las diferentes inflexiones paradigmáticas que fundamentan las creaciones de cada época, aunque sean disímiles los puntos de vista sobre los que se forjan. La cultura contemporánea está marcada por el aliento de la postmodernidad, del que participan en mayor o menor grado los creadores. Nuria Morgado (2007: 21), en su edición de los relatos de Ortiz, afirma: "la sensibilidad posmoderna que se refleja en sus obras ofrece una perspectiva alternativa que manifiesta la ausencia de un conocimiento objetivo ante múltiples puntos de vista bajo los que se puede observar la realidad". Pero este cambio en el punto de vista implica un proceso de descentramiento que lleva a la aceptación de "lo otro", uno de los grandes principios que rige el nuevo *modus operandi* de la narrativa contemporánea, elevado a primera instancia debido a las graves secuelas originadas por los desplazamientos masivos ocasionados por las guerras y la inmigración.

Los nuevos románticos apuestan por una degotización de la materia mítica diluida en un renovado *statu quo* donde el héroe o la heroína, hastiados del cliché épico, se convierten en seres cotidianos con sus cualidades, pero, sobre todo, con sus defectos; y una clara ostentación de la ironía como forma de lustración y a la vez distanciamiento de los antiguos cánones. El imperativo vital del *carpe diem* logra vencer, en la mayoría de los casos, el *fatum* que subyuga el rumbo de los hombres. Lo que menos interesa es la virtud del héroe, es más, lo que provoca el mayor impacto es el conflicto que suscita el reconocimiento de la propia debilidad, llegando incluso a despreciarse lo recibido como bien social y a sacralizarse aquello que pertenecía al submundo temible de lo oscuro. Al desdibujarse la asociación canónica entre mito y doctrina cristiana, un nuevo modelo de conducta ética viene a conformar el espacio de la historia y la literatura, equiparándose progresivamente la influencia de lo entendido canónicamente como demoníaco con el reconocible cuño moral de lo divino. La razón, como férula establecida por la sociedad civilizada, pierde fuelle frente al vigor de la naturaleza, marcada por el instinto básico de la supervivencia que no se somete a convención social alguna.

Más allá de sus connotaciones paradigmáticas, como manifestaba Barthes (2009: 167), el mito es un sistema de comunicación destinado a mostrar la ideología de la cultura en cada momento histórico. Esta virtualidad se entiende mucho mejor en el papel que ejerce la literatura como modo de desvelar la espesa capa de significaciones que envuelve el entorno cotidiano y nos muestra hasta qué punto la idea de realidad no deja de ser absolutamente histórica. La posmodernidad se ha ido apoderando de todos los ámbitos de la acción humana para hacernos comprender que, por muy arraigados que estén los supuestos heredados, siempre es posible la innovación, sobre todo cuando lo aceptado canónicamente ha perdido vigencia o credibilidad.

En este sentido, la Historia como ciencia es más reacia a subvertir el poder de la tradición, siendo la Literatura mucho más denodada en la búsqueda de nuevas contribuciones que, sin arrogarse patente alguna, no duda en mostrar con tanto ahínco la voluntad como la flaqueza, sin necesidad de establecer un desdoblamiento maniqueo de voluble valoración. La objetividad que separaba presuntamente lo histórico de lo narrativo se desdibuja alentada por los progresivos procesos de desmitologización a los que, en buena lógica, nos vemos sometidos.

El lenguaje se muestra siempre como un elemento identificador, pero no necesariamente disuasorio de una u otra actividad, literaria o histórica, porque cada escritor, el historiador o el narrador, orquesta a su modo la construcción del relato y, en este sentido, escoge aquello más acorde a su sensibilidad o que mejor responde a lo que pretende transmitir. Pero no podemos olvidar que toda escritura, que siempre será reescritura porque nada puede construirse sobre la nada, "plantea una reflexión ambivalente acerca de las interpretaciones anquilosadas del conjunto de imágenes culturales" (Gómez Jiménez, 2012: 118), que nos acercan inexcusablemente a los supuestos de la posmodernidad y pretenden soslayar el peso de la tradición afirmando en este intento la imposibilidad de trascenderla. Con suma sutileza, Umberto Eco (2010: 770) declaraba: "La respuesta posmoderna a lo moderno consiste en reconocer que, puesto que el pasado no puede destruirse –su destrucción conduce al silencio–, lo que hay que hacer es volver a visitarlo; con ironía, sin ingenuidad".

1.4. *MEMORIALÍSTICA: SOPAS DE AJO* (2001, 2.ª ED.) Y *MEMORIA DE AZÚCAR* (2002)

1.4.1. *Sopas de ajo*

En la "Introducción necesaria", con la que Mariluz Escribano (2001: 21) principia *Sopas de ajo*, nos revela las circunstancias de este libro, escrito "en quince días azules del verano de 2000 a la orilla del mar fenicio y romano del pueblo costero de Salobreña, en la provincia de Granada". Y apostilla: "cuando la luz del sol desciende sobre el silencio sonoro de las playas, siempre me llega la tentación de la escritura" (Escribano, 2001: 21). Al año siguiente, en 2001, Mariluz publica, en la sección de narrativa de la editorial granadina Comares, esta apasionada e intensa memoria del tiempo acaecido, un "libro de infancia feliz", según escribía en la dedicatoria que, en 2009, y a propósito de un encuentro literario en la ciudad de Córdoba, tuvo a bien regalarme (comunicación personal, 20 de marzo de 2009). No la movía entonces ninguna ambición personal o cualquier sentimiento parecido a la vanidad sino el generoso deseo de atender los requerimientos de numerosos lectores atraídos por la crítica entusiasta recibida por la publicación no venal, dos meses antes, de este libro de memorias (Escribano, 2001: 11).

Fernando de Villena, poeta, narrador y crítico de Granada, estará entre los elegidos para recibir el ejemplar príncipes de esta reducida edición no venal limitada a doscientos ejemplares numerados uno a uno. En la reseña del libro, Villena (2001: 1) compara las especiales circunstancias de la edición con el protagonista de *El placer*, la primera novela de Gabriele D'Annunzio, quien escribe poemas y los publica en exquisitas ediciones de solo veinticinco ejemplares. Otro de los afortunados receptores, Antonio Chicharro (2002: 373), postula la calidad del libro, aunque conoce y reconoce su escasa posibilidad de éxito económico. El catedrático de la Universidad de Granada pone un especial acento en resaltar que este bien escrito libro de memorias se adentra en la patria de los recuerdos infantiles de su autora, fundamentales en la vida de cualquier ser humano, con un claro propósito testimonial que deviene más intenso con "el cultivo de una prosa plena de sutilezas y matices y sólo en apariencia transparente, porque no pocas veces te desvía de lo que trata de decir para reclamar la atención sobre sí misma" (Chicharro, 2002: 373-374).

Escribano (2001: 11) no es una mujer que se rinda fácilmente y, ya en el "Proemio" de la obra, escribe: "desde el mismo momento en que un libro se publica y recibe en sus páginas el aire de la calle, las miradas discretas, empieza a vivir una aventura de difícil pronóstico y desenlace poco previsible". En este proemio nos revela el hallazgo sorpresivo de una carta, escrita por su madre, donde se explica detalladamente el arriesgado periplo que hubieron de superar desde Granada hasta alcanzar Pedrosa del Príncipe, en la provincia de Burgos, lugar en que se hallaba la casa de los abuelos. La carta, fechada el "12-J-936", es un emotivo texto del género epistolar dirigido a sus "muy queridas amigas", entendemos que vecinas y compañeras de Granada, tranquilizándolas en la incertidumbre de aquellos días nefastos. En ella igualmente, a modo de escolios, se nombra a José Manuel, Jacinta, Paquita, Antonio, Paco, doña Antonia y su esposo, Antoñita y Pepín, nombres grabados en la memoria de una existencia rota sobre la que naufragan abrazos y besos (Escribano, 2001: 11-13).

Como telón de inicio la obra *Sopas de ajo*, subtitulada *Memoria de una niña*, incluía este ofrecimiento: "A la memoria de mi padre, Agustín. A mis hijos Nicolás, Javier, José Miguel, Juan Manuel, Antonio. A mis nietos futuros". Jamás se satisfaría este último deseo porque ninguno de sus hijos decidió atender el ruego de una madre. Es curioso comprobar cómo la vida, a veces, se obstina en instruirnos sobre la escasa opción de la voluntad, incluso cuando ponemos todo el esfuerzo en conseguir nuestro propósito. De este avatar aciago, Mariluz Escribano había bebido toda su amargura.

La autora, sabedora de la poderosa vitalidad del relato histórico, elabora una radiografía, tanto sincrónica como diacrónica, de carácter fílmico por el color de sus narraciones, para plasmar todos los acontecimientos, mayoritariamente dolorosos, pero bien sazonados de recuerdos alegres, de una infancia y juventud tachonada de pérdidas, carencias y evocaciones elegíacas. Ella consigna todos estos recuerdos para que nadie los olvide y mucho menos ella misma. A través de sus propias recordaciones y las cartas de su madre, Escribano traza una poliédrica narración de un tiempo aciago, revelador de la tragedia y testimonio fehaciente de la iniquidad humana, porque nada justifica la barbarie de unos seres humanos contra otros (Gahete, 2019: 9).

En *Sopas de ajo* encontramos la mixtura lógica entre lo individual y lo colectivo que signa la escritura memorialística; vectores que sirven tanto al historiador como al escritor para reconstruir el pasado. Es Fernando de Villena (2001: 1), cuando se refiere a esta obra, quien afirma que la novela de la memoria representa el género más en alza, muy por encima incluso de la narración histórica, aunque la relación entre ambas es notoria. Pero lo cierto es que también en la poesía de Escribano encontramos la verdadera Historia, con mayúscula, tal como María Zambrano calificaba a la poesía, porque leyendo cualquiera de los libros de Mariluz, desde aquellos primeros *Sonetos del alba* hasta *Geografía de la memoria*, comprendemos que, en todos ellos, se refleja la historia de un país conmovido por la segregación y el cainismo, un país necesitado esencialmente de pacificación y perdón.

La memoria es esencial para esa reconstrucción y deconstrucción de la historia, pero no solo una memoria sino varias memorias, situadas en diferentes puntos de vista temporales. Se suele decir que el historiador es el científico de la memoria. Y es verdad, pero tan solo una parte de la verdad: utiliza la memoria, pero también utiliza la imaginación, que deviene fundamental para su análisis porque tiene que reconstruir no solo lo que fue sino lo que pudo haber sido. Y esto no significa fabular sobre posibles opciones que no se dieron sino restablecer que, a partir de un momento determinado, las cosas pudieron ser diferentes. Es lo que los historiadores llaman la historia virtual. Pero es una historia que forma parte de la Historia; es decir, un historiador siempre se tiene que preguntar: ¿qué hubiera sucedido si…? Y, al hacerlo, no está fabulando como un literato, sino que está tratando de reconstruir como un científico, como un biólogo (Tusell, 2002: 161). Sin ánimo alguno de refutar la teoría de Tusell, estimo pertinente añadir que un escritor de memorias contempla esta visión científica, llamémosla así, aderezada por una serie de factores que son capitales en toda manifestación literaria: el esmero en la sintaxis, la precisa elección del léxico y la utilización de todos los recursos de los que dispone la propia lengua para enriquecer el discurso. La particular prevalencia es evidente en las diferentes disciplinas, pero tanto creadores como historiadores, escritores en suma, deben aspirar a esta adecuación entre forma y fondo que, como transmisores de conocimiento, se presupone imprescindible.

Fernando de Villena (2001: 1) constata que *Sopas de ajo* recrea un mundo ya casi desaparecido, que se hubiera extinguido de no haber sido rescatado por la palabra poética de Mariluz Escribano, quien salva del olvido un tiempo no por miserable menos hermoso, permitiendo que se reaviven para nosotros, sus lectores, los años de la posguerra y los recuerdos agridulces de aquella infancia, suya y de tantos otros niños y niñas, con todas sus luces y sombras. Escribano envuelve cada uno de los catorce relatos en una atmósfera fascinante, cautivadora, en la que hasta los episodios más umbríos se revelan alumbrados por una sorprendente capacidad evocadora, una emoción palpable y un lenguaje fértil empapado de gozosa melancolía. En esta obra, Escribano (2001: 107-111) manifiesta palmariamente su amor por la escuela, el deseo pertinaz de aprender en aquel navío cargado de números, figuras geométricas, sustantivos, reglas gramaticales, piedras prehistóricas, alfabetos, guerras púnicas y adjetivos; el universo íntimo de una niña –intersecado por la inevitable intromisión del avatar público– que recrea en su poderosa imaginación, como un diálogo continuo Norte-Sur, Alta Castilla-Andalucía, la ausencia del padre fusilado por los franquistas al inicio de la guerra civil, asunto que planea en cada página *sub specie aeternitatis*; una aventura cósmica capaz de conquistar y transformar el mundo. Como afirma Fernando de Villena (2001: 1), *Sopas de ajo* es un ejemplo, donde los haya, de libro bien resuelto; un libro que, sobre modas y tendencias, siempre permanecerá.

1.4.2. *Memoria de azúcar [Granada al fondo]*

Tras la aventura biográfica que Mariluz Escribano describe en *Sopas de ajo*, rememorando la historia de su infancia en los angustiosos años de la guerra civil y la posguerra, la escritora granadina acomete con _Memoria de azúcar_ el relato memorialístico de otras etapas de su existencia. En este nuevo libro, Escribano relata los avatares del bachillerato y la universidad, que ya no se contemplan, como explica el prologuista de la obra, Antonio Gallego Morell (2002: 9-10), con una mirada tan cinematográfica como la que inspiraba aquellos viajes por tren y sus idas y venidas a los lugares que enmarcaron los primeros años de una existencia acaecida entre canciones tristes y los desmanes de la guerra. Es el propio Gallego Morell (2002: 10-11) quien nos avisa sobre el modo de enunciación de esta obra, concebida como un "monólogo interior escenificado", donde deambulan personajes con sus experiencias y recuerdos, que se prefiguran como auténticos desplegables de cartón, en cuyo paisaje vital pudiéramos integrarnos; recurso literario que el prologuista considera de auténtica novedad y destaca como un milagro de la literatura solo posible en plumas tan auténticas como la de Mariluz Escribano (Gallego Morell, 2002: 12).

Después de aquel periplo por los años aciagos de aquel fértil y triste periodo de la infancia en las distantes tierras castellanas, Mariluz retoma sus memorias evocando su regreso a la ciudad que la vio nacer, donde estudiaría en el instituto _Ángel Ganivet_ y más tarde en la Escuela Graduada de la Normal. Aunque sus inicios estuvieran marcados por traslados y viajes, Mariluz desarrollaría la mayor parte de su carrera profesional como profesora en la Universidad de Granada, ciudad que defendería de todas las agresiones, erigiéndose en adalid de muchas de las reivindicaciones ciudadanas que activaron la monótona existencia de la capital andaluza, abierta por "la herida del terror solitario" (Escribano, 2002a: 29). _Memoria de azúcar_ integra ocho relatos, en general de extensión superior a los narrados en _Sopas de ajo_ y con sobreabundancia de los elementos enumerativos que, con tan fascinante pericia, maneja Escribano, maestra en describir lugares, situaciones, tradiciones y costumbres; émula aventajada del meticuloso y preciso Azorín:

> En la tierra que después habría de llamarse *Cuatro olivos* crecían [...] unos olivos tristes y raquíticos, alzados en el secano, sedientos de agua, pordioseros de lluvia. Hasta aquí, hace mucho siglos, en las mañanas de luz temprana, en los amaneceres de helor, cuando la tierra aparece cubierta de un manto de niebla turbia, subiría un alijarero morisco con su azada y su azuela, su arado de reja y su mulo, para plantar en lo inhóspito de los marjales, con la esperanza de una pronta cosecha, unos plantones de olivo, delicadísimos y frágiles [...] Leñosos, raquíticos y escasos, opacas la cortezas, temerosos de muerte y ancianos, con sus troncones revirados, miraban con ojos de madera negra y oscura los juegos locos de los hijos, el trenzar y destrenzar de sus pasos, sus gritos de libertad y alegría, la música de su infancia, el viento amenazador de la atardecida. (Escribano, 2002a: 22-23)

Todo el libro es una compilación de inventarios, extraídos de la memoria, para que nada de aquel tiempo pueda perderse en la oscuridad de lo pasado, en el vaho envolvente del olvido que requiere de esfuerzos, no siempre fértiles, para recobrar lo efímero: "El cuartito de jugar, en la casa del patio de los diez bancos, se lo tragó la vorágine de los zarzales de un tiempo encendido y remoto, y ahora sólo se esconde en un rincón de mi memoria" (Escribano, 2002a: 37). Mariluz reconstruye en esta biografía literaria la historia de un tiempo histórico, lejano pero vívido, interpretado desde la doliente comprensión personal y sometido al orden de una visión individualizada que requiere, en consecuencia, una privativa sintaxis: "Yo siento placer por las palabras, por jugar con ellas, por la elaboración literaria" (Escribano, se citó en Seijas, 2002: 38). En definitiva, Mariluz construye un relato particular, –"pura zoología"– (Escribano, se citó en Seijas, 2002: 38), en el que los procesos de exclusión, acentuación y subordinación de los elementos seleccionados se coadyuvan para mostrarnos la personalidad del creador y su inserción homodiegética en el proceso enunciativo de la reconstrucción (Calderón, 2020: 206). Es prodigiosa la memoria de Escribano, su capacidad para enumerar pormenorizadamente los detalles más nimios, los elementos más insignificantes para la mayoría, aquellos objetos que normalmente pasan desapercibidos en la rutina de su familiaridad: "Tardes hacendosas y aguerridas de la escuela en los dibujos y los bordados, sobrehilados, dobladillos, calados, bastillas, hilvanes, repulgo, punto de cruz, vainicas, bodoques, punto ciego, deshilados, pespunte inglés, jaretas, punto de lagarterana, florecitas de colores" (Escribano, 2002a: 49). Y portentosa asimismo la virtualidad que nos ofrece su escritura, tachonada de referencias y prolífica en descripciones, acerca de cómo la historia de los seres humanos puede ser modificable, domable, sometida a la voluntad, si es férrea y tiene como emblema de vida el signo del perdón y la concordia: "Sentí la necesidad de que mis hijos tengan constancia de que, a pesar de las apariencias, tanto mi infancia como mi adolescencia fueron felices. Se supone que todos los hijos de la guerra y la postguerra sufrimos penalidades, pero la verdad es que yo no lo pasé mal" (Escribano, se citó en Seijas, 2002: 38).

Antonio Colinas (2004: 71) manifiesta que toda literatura lo es de la memoria, pero el poeta leonés expone claramente cómo esta virtualidad que se inmerge en el pasado brota de manera consciente o inconsciente en la creación rescatando lo más esencial y valioso que no significa que haya de ser siempre lo más grato. Colinas nos allega en esta introspección homodiegética y globalizadora a la recobración de los símbolos, aquellos primeros arquetipos fijados en la infancia y la adolescencia, etapas de la vida primordiales para la formación estética de todo escritor; símbolos que nos remiten al "lenguaje de los misterios", como define María Zambrano todo aquello que nos ayuda a desvelar lo desconocido, faros que en la "noche oscura" nos iluminan o nos alientan para seguir caminando hacia delante, iluminación y sanación al mismo tiempo.

1.5. El lenguaje literario en la teoría de la información. Praxis estética y compromiso ético

En el contexto de la memoria recobrada de la que Mariluz es consciente se desarrolla asimismo una larga trayectoria como columnista de opinión, convirtiéndose en una de las escasas voces femeninas de la época. Remedios Sánchez ha calificado su forma de escribir como "periodismo de arte", acogiéndose al magisterio del escritor Francisco Umbral (2004: 9), que define el concepto como algo que busca al lector y no un mero adorno del periódico. Esto significa que, aun prestando una especial atención por el lenguaje, sus artículos se alejan de las normas esperpénticas de una literatura elitista, llena de excesos y cultismos barrocos porque lo que interesa a Mariluz es llegar a los lectores, construirse en instrumento para todos, una escritura que parte del corazón para llegar a los corazones, alertándonos sobre la necesidad de disfrutar de las pequeñas cosas cotidianas que tantas veces pasan desapercibidas y, en definitiva, resultan lo más importante de nuestra existencia. Porque Mariluz escribe para impregnar al lector con su pensamiento y conseguir que permanezca en su memoria para despertar las conciencias y ponerlas al servicio del bien común (Sánchez

García, 2004a: 9). En parecidos términos se expresa Esteban de las Heras (2008: 684) al referirse a la escritura lírica de Mariluz Escribano:

> Mientras el coraje y el compromiso de los articulistas se mantenga, pervivirá el periodismo. Y si ese coraje y ese compromiso estén escritos con belleza formal, con rigor gramatical, con ritmo interno y con alma, como nos tiene acostumbrados Mariluz, tendremos el "periodismo de arte" del que habla Paco Umbral. Un lujo para el periódico, un islote peculiar de flores raras y de singular belleza en un mar moribundo, uniforme y gris.

Este compromiso exige una mirada profunda y lúcida, a veces irónica y satírica, pero siempre sugestiva y ajena a cualquier subjetividad, de la que debe huir todo comunicador, sea cual sea el medio por el que transmite la información o el mensaje. La búsqueda de la verdad y la independencia insobornable son ejes capitales que no pueden soslayarse en una profesión destinada a informar. Beneficiar a unos para perjudicar a otros, callar lo censurable o difundir noticias falseadas constituyen pecados abominables que ningún periodista puede cometer bajo ninguna presión o razón alguna.

Minuciosa en la utilización de vocablos asequibles a todo el público lector, no podía obviar en sus escritos el profuso conocimiento de la lengua latina y el interés por recuperar términos desusados o, emulando al ínclito Góngora, recreándolos con solvencia: "la alegre y minutísima dimensión de la vestimenta" (Escribano, 2004: 15). Ampliando la significación semántica del adjetivo "minuto" (en latín *minutus*), término desusado que hace referencia al dinero en moneda pequeña o diminuta, Escribano aplica el concepto al escaso tiempo en que utilizamos las vestimentas veraniegas, coloristas y livianas, todo un alarde de conocimiento e intuición léxica. Pero de igual manera, esgrimiendo todos los recursos posibles, no duda en adoptar incluso neologismos que pudieran ayudar al lector a comprender los matices de un arquetipo o un personaje concreto (Muñoz, 2020: 198). No será la primera vez –ni la última– que el neologismo utilizado por un escritor se imponga en el lenguaje cotidiano y pase con el tiempo a integrarse en las páginas del diccionario académico[12]. La plasticidad que traspasa el conjunto de la obra de Escribano Pueo es, sin duda, consecuencia de una especial sensibilidad artística que también se ha reflejado en la creación pictórica cultivada por esta granadina, con varias exposiciones realizadas y siempre una excelente acogida por la crítica especializada (Academia de Buenas Letras de Granada, s.f.).

En las últimas décadas, Mariluz Escribano colaboró con asiduidad en las páginas de opinión del diario *Ideal* de Granada, donde ha mostrado una prosa excelente que ha marcado estilo propio dentro del género periodístico. Remedios Sánchez (2004a: 7-8) afirma que, en el marasmo de la hojarasca insustancial en el que muchos días se convierten los periódicos, encontramos la voz de Mariluz Escribano, una bocanada de aire fresco, lirismo y elegancia, consciente de las preocupaciones y desatinos de una sociedad que avanza a trompicones evadiendo a veces la razón de las verdaderas necesidades. Por ello, la palabra de Mariluz Escribano, plena de sensibilidad, originalidad, poesía y conocimiento lingüístico, ennoblece el género hasta elevarlo a la categoría de imprescindible y representa el perfil de la humanista del siglo XXI por antonomasia.

Mariluz, tras una larga e intensa actividad en las páginas de opinión de diferentes periódicos (*Patria*, *Ideal*), decide

---

12 A modo de ejemplo, Mariluz tomará del entonces director de la Real Academia Española, Gregorio Salvador, el término "pedantegogos".

compilar sus artículos para que permanezcan ahormados y no se dispersen en el marasmo de las publicaciones periódicas: *Ventanas al jardín* (2002), *El ojo de cristal* (2004), *Jardines, pájaros* (2007) y *Escuela en libertad* (2010) constituyen un corpus amplio de la relevante labor de la escritora en este género en el que se mantuvo como un faro de luz durante sesenta años (1958-2018). José Antonio Muñoz (2020: 198), periodista de *Ideal*, resume a la perfección lo que supuso el paso de Mariluz por las páginas del periódico:

> Porque Mariluz Escribano continuó al llegar a IDEAL (*sic*) con una práctica que a muchos molesta: decir la verdad. No su verdad. La verdad. Porque jamás le tembló el pulso a la hora de sacudir por igual a tirios y a troyanos. Y porque cimentó su escritura en esa libertad interior que se construye tras haber visto y oído, pensado y asumido, sufrido y gozado.

1.6. Las compilaciones de artículos: *Ventanas al jardín* (2002), *El ojo de cristal* (2004), *Jardines, pájaros* (2007) y *Escuela en libertad* (2010)

1.6.1. *Ventanas al jardín*

En 2002, Mariluz Escribano realiza la primera compilación de artículos en su obra *Ventanas al jardín*, publicada en la colección granadina Extramuros, selección de artículos de prensa recogidos posteriormente en las antologías *El ojo de cristal*, publicado en 2004 y *Jardines, pájaros* en 2007. En su escritura, sea cual sea el género que escoja, Escribano recurre al lenguaje esmerado y culto, pero manteniendo siempre esa prudente armonía entre significante y significado, la calidad del mensaje y el nivel comprensivo del lector al que se dirige.

Además, Mariluz envuelve todo su discurso en una atmósfera tuitiva que permite encajar hasta las réplicas más crudas. Como manifiesta Remedios Sánchez García (2004b: s. p.), lo escrito en la prensa tiende a ser material perecedero, o al menos difuso, por lo que es bastante usual que los columnistas tiendan a compilar sus artículos en ediciones librescas, mucho más factibles de localizar y consultar. La obra es una recopilación de treinta y seis artículos que no pasan de ser una escueta selección de los textos publicados como columnista de *Ideal* durante más de treinta años. La justificación la ofrece Mariluz Escribano (2002c: 7-8) cuando escribe en el comentario preliminar:

> El periódico, flor de un día, condena al ostracismo de las despensas y de los contenedores de papel reciclado todo lo que en él se ha escrito, de tal manera que el artículo envejece en un día, se llena de arrugas y empieza caminar por los senderos del olvido.

La compilación no responde a una clasificación temática específica ni tampoco tiene una concreta temporalización porque los artículos fueron escritos en diferentes etapas de la trayectoria literaria y vital de nuestra escritora. Escribano deja al libre albedrío del lector cualquier tipo de interpretación taxonómica porque su único interés es plasmar, con maestría y elegancia, tipologías y ambientes, personas y situaciones, con la clara intencionalidad de dar voz a otras voces acalladas. Es la propia Escribano (2002c: s. p.) quien explica el proceso creador de sus textos:

> Sentada ante las ventanas de mi casa que dan del jardín, he reflexionado muchos días, he sentido la inquietud del ciudadano que se siente vapuleado por la política y me he conmovido ante la belleza de las tardes en nuestra ciudad, de sus jardines o sus palacios. También me ha estremecido la generosidad de la buena

gente y, sobre todo, el sufrimiento acerado de muchos seres que nos miran desde la desolación de sus ojos acostumbrados a otros climas y otros paisajes. En fin, he mirado pasar la vida desde mis ventanas.

Lo que cardinalmente une a todos estos textos es la elegancia, naturalidad y pureza en el lenguaje, el alto vuelo de la expresión y el registro de inusual altura literaria que los impregna incluso cuando refleja las realidades más prosaicas. Con este carácter marcado de su personalidad literaria y su pluma siempre pulcra y serena, Mariluz Escribano nos acerca a emociones, paisajes y vivencias que, sin duda, son suyos, pero bien podría sentir cualquier ciudadano en cualquier lugar del mundo, aunque no todos pueden aspirar a expresarlos con su frescura, su intensidad y su excelencia, porque nadie como ella para transmitirnos el dominio y la belleza de la perfecta adjetivación –tan difícil y peligrosa que, si no da vida, mata–; y, sobre todo, para conmovernos siempre con su palabra iluminada e iluminadora (Sánchez García, 2004b: s. p.).

1.6.2. *El ojo de cristal*

En la compilación de artículos que constituyen el libro *El ojo de cristal* advertimos temáticas reincidentes que muestran los intereses y preocupaciones de la autora. La recreación de las estaciones y sus señales sensitivas ponen un acento cálido o grave en su cosmovisión del mundo, ya sea para advertir sobre cuestiones capitales relativas al devenir de su ciudad tan malquista como amada, ya para poner de manifiesto los diferentes estados de ánimo en relación con los cambios estacionales a los que, con dificultad, se acomodan los seres humanos: "Octubre, octubre" (p. 15), "La luz quieta de noviembre" (p. 17), "Noticias de diciembre" (p. 21), "Paseos por el frío" (p. 37),

"Primavera conmovida" (p. 41), "Enero y andandito" (p. 57), "Calor" (p. 69), "Primavera de arena" (p. 131), "Junio" (p. 115), "Septiembre azul" (p. 123). "Estío" (p. 139). Escribano refleja en estos textos su periplo vital, todo lo acaecido en los diferentes estadios de una existencia difícil, quebrantada por el dolor de la pérdida de su padre y el exilio de su madre, sobre el que supo imponerse, aunque grabó en su corazón la denuncia de que nada tan terrible volviera a ocasionarse. El tránsito de las estaciones se aúna al irascible y fatal paso del tiempo que nos retrotrae a la cita virgiliana de las *Geórgicas* (*Georgicae*, III, 284), *fugit irreparabile tempus,* que acaba con todo lo que fuimos: "Pero los relojes no se paran y el minutero marca, con disciplina espartana, el tiempo que se nos escurre de entre las manos como agua en cestilla de mimbre" (Escribano, 2004: 17). El símil tiene especial significación en la obra de Mariluz Escribano. Avezada a la vida doméstica que nunca la apartó de su inconmensurable ambición literaria, estos detalles familiares la alimentaban anímicamente y la acercaban cordialmente al pleno entendimiento, consciente de que había que aprovechar cada momento de la vida que la muerte en cualquier momento podía arrebatarnos: "Un otoño de aguaceros entorna los ojos de las tardes […]. Todos los ocasos contienen la misma tristeza. Metáfora de la brevedad de la vida que se nos marcha como agua en cestillo de paja, como riatillo cautivo de cauce" (Escribano, 2004: 161).

Mariluz Escribano nos remite asiduamente a la poderosa fascinación de la palabra, esencial para el conocimiento y su transmisión; imprescindible en la comprensión y el diálogo: "las palabras nos construyen, ahuyentan la impersonalidad del alfabeto primitivo y párvulo y son la herramienta necesaria para defendernos de los problemas que se suscitan en el transcurrir de los días, en las difíciles relaciones humanas"

(Escribano, 2010: s. p.). En un texto bellísimo, titulado "Cartero" (Escribano, 2004: 61-63), en el que se compara poéticamente la figura del cartero con el dios Hermes griego o el latino Mercurio, Mariluz reflexiona sobre la pérdida de los textos epistolares, las cartas literarias, los recuerdos familiares, las palabras de amor. Escribano (2004: 62) lamenta que el precioso cortejo de las cartas amenaza con extinguirse, tiene los días contados en este "tiempo nuevo", tecnificado y vertiginoso, en el que mensajes escuetos vuelan de antena en antena y, por canales misteriosísimos, arriban hasta las pantallas de los ordenadores o los inevitables teléfonos móviles. Escribano (2004: 63) es draconiana en su sentimiento: "Y es que lo que de verdad me gusta a mí [...] son las palabras, ese caudal manantiálico de nuestra lengua, tan desaprovechado hoy, tan ignorado":

> Luego, también es verdad, nos encontramos sorpresivamente con aquellas palabras que están heridas de muerte porque ya no pertenecen a nuestro mundo cada día más tecnificado. ¿Dónde quedó la palabra doncel, dónde azuela, dónde majuelo? El trabajo de recuperar esas bellas palabras que hemos ido dejando por el camino constituye un ejercicio que tiene mucho de voluntarioso y de utópico. Como el labriego que trabaja denodadamente la tierra, traza los caballones del futuro sembrado y desentierra raíces para preparar la besana, nosotros estamos en el laboreo de los vocablos en cuyo empeño nos vemos ayudados por las pistas extensas y claras de las páginas escondidas y densas de los diccionarios. (Escribano, 2010: s. p.)

Por el discurso periodístico y lírico de Mariluz Escribano desfilan personas y personajes que han marcado de alguna manera su vida y la valiente forma de afrontarla. La figura de Federico García Lorca es un constante faro de luz en el pensamiento y la obra de Mariluz. En sus artículos aparece con frecuencia de manera directa o indirecta, buscando siempre la ocasión de rememorarlo y festejarlo por su palabra o su música: así en el artículo "Einojuhani Rautavaará en Valderrubio", pleno de belleza léxica: "el canto quería ser luz, porque en lo oscuro el canto tiene hilos de fósforo y luna" (Escribano, 2004: 26), y evocaciones musicales: "la música nos sumergió en la beatífica sensación de que el mundo, aquel mundo lorquiano por los menos, era bueno, solidario y comprensivo" (Escribano, 2004: 26). Escribano (2004: 27) nos recuerda la interpretación de la "Suite de Lorca", obra del compositor finlandés Rautavaara, magistralmente dirigida por José Manuel López Blanco, quien la adorna de disonancias y recursos populares, un lenguaje musical contemporáneo y un regusto flamenco en el fondo; una tarde mágica en torno a Federico. Asimismo, Federico está presente en la obra de Escribano porque le trae a la memoria el recuerdo del padre asesinado –y el de todas las víctimas republicanas–, tan presente en la obra poética como en la narrativa de la escritora. Como manifiesta Luis Rosales en *La casa encendida*, "la palabra del alma es la memoria" (se citó en Narbona, 2018: s. p.).

Escribano nos habla en femenino plural del *Grupo Q,* un colectivo que surge con el propósito de investigar en las áreas de la pintura y el grabado. María del Castillo, Teiko Mori, María José de Córdoba y Dolores Montijano conforman un conjunto de artistas que se acercan a la naturaleza para la elaboración de sus creaciones que "son el resultado de amalgamar el agua de lluvia y los zumos de las frutas con las arcillas y las tierras rojas y ocres, las resinas sintéticas y la sosa cáustica" (Escribano, 2004: 85). Escribano (2004: 162-163) se refiere a Dolores Montijano como esa mujer indoblegable, cuyo nombre suena y es pintura, que desciende, desde su magisterio, a enseñarle las primeras nociones de color. Con ella mezcla colores y cada pincelada es una forma extraña, una dislocación de la realidad, una inusual impotencia, sumando una soledad a otra, sonriendo ante la infelicidad de la muerte, ante ese error que es la muerte cuando nos roza. Consciente del valor prometeico que Mariluz representaba en el territorio de la escritura, Montijano (2020: 72) respondía así a su palabra comprometida y franca:

> Se idealizó el paisaje interno que siempre fue contigo y aflora, paso a paso, en la belleza de tus textos. Arrancan los sonidos sumergidos en tu alma encadenando el sentir de un sentimiento, y llega la luz.
>
> [...]
>
> Y nos llega entre luces infinitas tu mensaje de claridad, que es un decir que serena al que lo mira [...], la poesía de unas manos en las que resuenan añoranzas de parajes deseados, que derraman generosas la postura de un alma sensible con los brazos abiertos a la libertad.

La relación de amistad entre Mariluz y Dolores fue siempre muy estrecha; par a intensidad que la unía a Tadea Fuentes, a la que tan arduo le resulta convocar porque no es fácil hablar de quien tenía esa "elegante manera de estar entre las gentes, su talante conciliador, la prudencia de sus actitudes, la claridad de sus consejos, la diafanidad de sus explicaciones" (Escribano, 2004: 221-222). Otras personas calaron con enorme energía en el corazón generoso de Mariluz Escribano y muy especialmente el matrimonio formado por Manuel Alvar, maestro de maestros, y su esposa, la brillante filóloga Elena Ezquerra (Escribano, "La casa de los Alvar", 2004: 165-167); y el que constituían el escultor Eduardo Carretero (Escribano, "El regreso de Carretero", 2004: 209-211), y su compañera inseparable Isabel Roldán García (Escribano, "Flores para Isabel", 2004: 197-200), todos ellos residentes en la localidad de Chinchón, fortaleza de paz y sosiego, cura de reposo del espíritu que conduce a la valoración de lo pequeño, de los placeres que emanan de una vida cuyos límites están en el estoicismo y la serenidad, donde pueden contemplarse con tranquilidad las estrellas en las noches abiertas (Escribano, 2004: 197-198).

La crítica social fue siempre un imperativo en la obra de Escribano. Las inquietudes de los ciudadanos constituyeron un principal foco de atención en sus artículos, sobre todo aquellas que incidían en los desmanes cometidos contra los edificios nobles de una ciudad milenaria amenazados por el arrollador empuje de los especuladores. Al frente de *Mujeres por Granada* siempre impuso su voz contra estos desafueros, vertidos en textos que son memoria viva de la historia de una ciudad acuciada por el fraude especulativo: "El ciudadano avergonzado" (Escribano, 2004: 127-129) y "Futuro imperfecto" (Escribano, 2004: 193-195), entre otros muchos, son evidentes ejemplos de un problema que afecta a Granada, pero también a otros muchos lugares de nuestra monumental y valiosa geografía.

Frente a esta abusiva e inadmisible acción contra el patrimonio granadino, Escribano (2004: 21-23) nos acerca a la situación de pobreza que se vive en algunos barrios de Granada (Haza Grande, el Albaicín, la Chana y la zona Norte) en el artículo "Noticias de diciembre", centrándola en el tiempo de Navidad, donde el derroche en regalos, yantar y escanciar es, sin duda, sangrante:

Ochocientas mil bombillas de todos los colores iluminan Granada. Pretenden esconder la pobreza, la marginalidad y el susto del hambre, el frío de muchos ancianos. Pero, desde esas alturas urbanas o desde los suburbios alejados, yo no sé si tanta luminaria no sonará a provocación, a estupidez, a desvergüenza. Lo que sí sé es que andamos, convalecientes, por el mundo que orilla la pobreza, la incultura, el abandono de los más indefensos. Y no sé si es nos va a permitir conciliar el sueño y hacer la buena digestión de los langostinos del día 25. (Escribano, 2004: 23)

El consumismo en esta época, privada ya de aquel sabor familiar, humilde pero feliz, por la argucia de los manipuladores empeñados tan solo en atesorar riqueza, es un tema reiterativo en la obra de Escribano que denuncia abiertamente la utilización espuria de los sentimientos para su propio beneficio. Mariluz lamenta cómo se expande la llama del consumismo por todos los espacios y cómo los altos ejecutivos comerciales roban sin pudor el milagro de una celebración compartida, la música serena, el fértil silencio que antecede a la conmemoración de la Navidad (Escribano, 2004: 34).

En "Tiempo de palabras", Mariluz Escribano (2004: 45-47) nos muestra su constante denuncia ante la manipulación de los políticos para obtener los votos de los ciudadanos. Su conciencia ciudadana la estimula a poner en evidencia las palabras hueras que, desde las tribunas políticas, descienden hasta la gente de la calle con una clara vocación de engaño, trapacería, argucias, tergiversaciones, fingimientos, ocultaciones, invenciones y falacias (Escribano, 2004: 45). Tribunas que alientan, con voluntad o bajo presión, según sean o no adictos a determinados sesgos, todos los foros de información y comunicación; voces hueras que primero acarician nuestros oídos para finalmente hacer oídos sordos a todo lo que prometieron. Y lo peor de esto es que, callando, nos convertimos en sumisos cómplices (Escribano, 2004: 47).

Pero si algo hiere con saña el corazón de Mariluz Escribano es la violencia del hombre contra el hombre, la reiterada locución latina, pero no por ello menos acechante, del *lupus homini lupus* ("el hombre es un lobo para el hombre") que popularizó el filósofo británico Thomas Hobbes en el siglo XVII y sigue siendo una inquietante sentencia revelada trágicamente en el incierto futuro de nuestro siglo xxi. El drama de la emigración, la amenaza del terrorismo y el horror de la guerra no han cesado, y la voz de Mariluz continúa clamando con todas sus palabras por la erradicación de estos estigmas que, como la enfermedad y el hambre, nos advierten de que no hará falta que las glaciaciones o los meteoritos acaben por arrasar lo que conocemos como especie humana.

La terrible lacra del terrorismo deja derramada la sangre de los inocentes y devuelve con odio las aspiraciones de aquellos que, deseando escapar de una vida miserable, buscan compartir la paz y el pan que todos merecemos. La terrible tragedia del 11-M, "que ha dejado el calendario manchado con la sangre de muchos inocentes" (Escribano, 2004: 43) quebranta el corazón de la escritora, que pide y exige otra clase de justicia, ajena a los despachos con moqueta y flores artificiales, ocupada en atender la desolación de la gente sin patria y sin destino:

El baile de los muertos no ha hecho más que empezar y no tendrá solución a menos que otra clase de justicia se instale en el mundo. Mientras sigamos mirando con indiferencia y silencio los ejércitos de muchachos púberes que enarbolan las pesadas armas de la muerte y se emboscan y aprenden a matar y a deletrear las letras de la sangre, en tanto que miremos ajenados las muertes inapelables y delgadas de los niños oscuros que nos contemplan desde la acusación irrefutable de sus huesos y sus ojos mansos y hambrientos, mientras contemplemos con desgana cómoda la desolación de las gentes sin patria y sin destino y sigamos consintiendo que la avaricia, la incansable demanda del dinero y el afán de poder, nos gobiernen desde los despachos con moquetas y flores artificiales, nada que no sea irracional podrá ocurrirnos. (Escribano, 2004: 42)

Mucho se ha escrito sobre derechos humanos y acerca de que el planeta Tierra nos pertenece a todos, porque de nadie es patrimonio absoluto el aire que respiramos, por mucho que intenten convencernos de la falsedad de esta evidencia. La emigración de seres humanos es un problema que nos afecta a todos y no podemos volver nuestros honestos ojos a una realidad candente que nos llama a la puerta. Nadie desea escapar de su tierra si en ella encuentra el cobijo y el alimento que proporciona la protección de la ley y la dignidad del trabajo. Cuando justicia y equidad son palabras baldías, vacías de verdad y contenido, no nos queda más remedio que abrir nuestros acomodados corazones y dejar que entren en ellos la tragedia y el dolor de los hermanos. Este sueño inalcanzable seguía propulsando la voluntad y la palabra de Mariluz Escribano, que nos ha legado textos de inmarcesible ternura, de carismática humanidad:

En las sobremesas, después del placer de los solomillos y las ensaladas, las frutas y el arroz con leche, el mar, de una manera inevitable se convierte en noticia: nos trae hasta nuestras mesas bien surtidas los aceros del hambre, los pánicos del riesgo, los fríos heladores, las esperanzas frustradas, la muerte. Las pateras transeúntes permiten que a nuestros televisores confortables se asomen los rostros de las incertidumbres y los miedos, los ojos incendiados de unos niños […] que nunca habían visto el mar hasta cruzarlo de la mano del pavor, la sumisión triste de unos hombres que sólo saben pronunciar una palabra en nuestra lengua: trabajo.

[…]

Y me parece que, cuando nos referimos a ellos, trasvasamos […] nuestros sentimientos hacia una palabra inadecuada: tolerancia. Es una palabra mediocre que engloba una significación de resignación paciente y miserable. Conducidos por la inteligencia tendríamos que recibir a estos seres humanos con un talante de fraterna generosidad, con una abierta disponibilidad para compartir con ellos lo que a nosotros nos sobra. (Escribano, 2004: 181 y 183)

Y aquí no acaba la tragedia de tantos seres humanos condenados a malvivir, a sufrir como una fiera amenaza el acerado cuchillo de la barbarie y la muerte. El escenario de la guerra se reproduce como una pandemia crónica ante nuestros ojos circunspectos, y nada detiene su eco avasallador y monstruoso.

Una voz comprometida como la de Mariluz Escribano no podía eludir este clamor fiero que quema las gargantas de muchos de nuestros hermanos que tuvieron la desgracia de nacer en lugares abandonados por la mano de Dios y entregados a seres infrahumanos a los que la vida humana no importa más que el vuelo irrefrenable de una hoja caduca. Ella sufría a flor de piel esa sangre futura llamando a su ventana, persiguiéndola por las calles, destrozando la paz del jardín, cubriendo de un velo triste y opaco la luz clara y fría de las mañanas de un febrero cargado de malos presagios (Escribano, 2004: 185). Decir no, con todas nuestras fuerzas, es la única reacción inexcusable e inequívoca contra la amenaza de la guerra, esa serpiente metálica que asfixia diariamente la convivencia tranquila de las gentes del mundo (Escribano, 2004: 185). El poder y el dinero no tienen más horizonte que una inversión gozosa, aunque esa ambición salpique de sangre inocente cualquier rincón del mundo (Escribano, 2004: 185). Porque seguimos escuchando palabras falaces tendremos que contrarrestarlas con palabras felices en las que queden enterradas insidia y desorden, ambición y soberbia, prepotencia e injusticia (Escribano, 2004: 186). Pero mientras esto ocurre debemos proclamar alto, claro y rotundo un no a la guerra, porque significa decir no al infortunio, la desesperanza, la orfandad, la deslealtad, la infamia, el sufrimiento y la tristeza; decir no a todos los horrores de la guerra maligna, para que la paz sobrevuele los campos del mundo y sigan creciendo poderosas las espigas (Escribano, 2004: 187). Como afirma Esteban de las Heras (2004: s. p.), leer y releer a Mariluz es sentir el más gratificante robo del tiempo que uno puede sufrir con alegría, la manera más armoniosa de enfrentarnos al dolor del mundo para encontrarnos con nosotros mismos.

1.6.3. *Jardines, pájaros*

En el prólogo de *Jardines, pájaros,* José Ortega Torres (2007: 11) declara que Mariluz Escribano, tras una extensa y meditada serie de prosas líricas, ha ido dando fe de su sensibilidad y constancia en la prensa granadina desde dos vertientes claramente delimitables: la vertiente íntima donde el lirismo se acendra y la ciudadana donde la denuncia aleccionadora se manifiesta palmaria. La elección del título no es arbitraria, responde siempre a una significación dual que integra tanto lo denotativo como aquello que se pretende connotar. Significado y significante juegan un poderoso papel en las conexiones paradigmáticas que establecemos cuando enfrentamos realidad e imaginación, mito e historia. En este mismo proceso bipolar, el jardín representa el símbolo de la conciencia frente al inconsciente representado por la selva (Cirlot, 1994: 258). Ortega Torres (2007: 14 y 16) opone la "memoria íntima", simbolizada en el jardín, *locus amoenus* destinado al sosiego y el amor, y la "memoria cívica", donde la urbe se ahoga en el *locus horribilis* del cemento urbano.

> La ciudad del desamparo es, también, una ciudad de políticos arboricidas que no tienen piedad ni para la ciudadanía ni para los pájaros. Vamos camino de la deshumanizada urbe, ciudad de los

desencuentros, las ausencias, los abandonos, la desgracia prosaica de los ruidos, la ausencia de la música de las esferas y los trinos. (Escribano, 2007: 171)

El prologuista nos remite igualmente a la integración cósmica que Escribano invoca entre los cuatro elementos cuaternarios que, en realidad, corresponden a los tres estados de la materia: sólido (tierra), líquido (agua), gaseoso (aire) y el catalizador que motiva sus transformaciones (fuego); sin olvidar el ancestral e indefinido por sugerente quinto elemento (éter), que bien podría responder al misterio o secreto en que confluye o radica el alma de las cosas (Cirlot, 1994: 181). El número cuatro se erige en capital en esta nueva entrega de Mariluz Escribano al dividir el libro en sendas partes que corresponden a las cuatro estaciones del año: primavera, verano, otoño e invierno que, en el contexto simbólico, se corresponden con las edades de la vida humana[13].

Los pájaros se convierten en el segundo vértice emblemático de la obra de Mariluz. Su simbología nos remite a la espiritualización de la naturaleza humana, pero no desde un punto de vista estrictamente religioso sino porque representa los estados superiores del ser; y, en consecuencia, la supervivencia del alma cuando el cuerpo se convierte "en tierra, en humo, en polvo, en sombra, en nada"[14]. Pero como en toda realidad,

---

13 Cuando se publica, en 2021, *Yo quiero ser un árbol (Poemas para niños y niñas)* de Mariluz Escribano (Granada: Valparaíso), Carmen Quiles Cabrera, que se encarga de la selección de poemas, divide este hermoso libro en cuatro partes que corresponden exactamente a las cuatro estaciones de año. Véanse las *Sonatas* de Valle-Inclán, donde se cuentan las andanzas del marqués de Bradomín a lo largo de las diferentes etapas de su existencia.

14 Verso final del celebérrimo poema de Góngora "Mientras por competir con tu cabello". Véase *Sonetos* de Luis de Góngora (Matas Caballero, ed., 2019); y *A batallas de amor. Antología poética* de Luis de Góngora (Gahete Jurado, ed., 2021).

la conflagración de contrarios se evidencia también en esta taxonomía, vacilando sus significaciones entre creación y disolución, vaivén imperecedero en el proceso de la vida: pájaros van, pájaros vienen; y, en este constante fluir, mirlos, ruiseñores, alondras, gaviotas, golondrinas, palomas, avetorillos, garzas, flamencos, azulones, herrerillos, canarios, gorriones, jilgueros, currucas, oropéndolas, pechiazules, zarceros, carricerines y chorlitos surcan el vuelo hacia la sublimación o se precipitan en el vacío; "pájaros, esos que se han acostumbrado a nosotros, a la comodidad de las ramas de nuestros árboles, y que nos hablarán desde los cielos dormidos en la primavera y el verano, con la amabilidad del huésped, del apátrida" (Escribano, 2007: 196).

La investigación sicológica nos informa acerca de la importancia de los arquetipos en el inconsciente; y, en consecuencia, da noticia, más o menos constatable, de la unidad del espíritu humano, proclive a armonizar las recónditas leyes del inconsciente con las no menos controvertibles de la razón (Beigbeder, 1971: 8-9). En estos textos breves, adaptados al draconiano margen del periódico, Mariluz vierte toda la poesía de su interior imaginativo y generoso, sin que esta bondad y esta belleza palíen la verdad de tantas situaciones injustas en el entorno inhabitable de un mundo insolidario. Por ello, los jardines y los pájaros son los lugares y los seres que rezuman serenidad y bienaventuranza, espacios de paz y de concordia, alejados del ruido, reservado a los pájaros, estallantes de silencio, amables para todos, naturaleza pura (Escribano, 2007: 196).

1.6.4. *Escuela en libertad*

El tema educativo va a ser axial en este espacio de la escritura de Escribano que, con tanto entusiasmo y razón, ejerció a lo largo de su fructífera y comprometida existencia. Siendo transversal en toda la producción periodística de Escribano, la mayor parte de los artículos alusivos a esta temática quedarán publicados en la obra *Escuela en libertad*, título denotativo del espíritu que inflama la voluntad de escritura de Mariluz, consciente de su responsabilidad como docente y su compromiso con la sociedad.

Experimentada docente, hija y esposa de cualificados docentes, Mariluz siempre apostó por una educación integradora que no separara del aprendizaje la dilección por el conocimiento, el deleite de la lectura, la conjunción armónica entre el *prodesse et delectare* (instruir deleitando), que preconizaba Horacio en su *Ars Poetica*, asimilado y emulado cardinalmente por la profesora granadina:

> Parece que no trataran con un material frágil y delicado como son los niños, parece que quieran desterrar la creatividad de los maestros encorsetados, cada día, por normativas ásperas, imposibilitados por la rigidez de las órdenes legislativas. O la escuela es un lugar de amena convivencia, de libertad espontánea y razonable, de creatividad responsable o no será nada más que un lugar de tedio y hastío. (Escribano, 2010: s. p.)

E insiste, ponderando la ineficacia de las imposiciones y el cultivo de las potencialidades personales que solo surgen si se despiertan invocando la imaginación, la libertad y la inteligencia: "Las disciplinas y los esfuerzos se le impondrán con fuerza inexcusable y la libertad será un bien perdido frente a la eficacia de lo correcto" (Escribano, 2007: 149); una doliente pérdida que conlleva el adiós "a los sueños tranquilos de las mañanas" (Escribano, 2007: 150), sin "prisas ni agobios para abrir los ojos al mundo que siempre espera con paciencia el descubrimiento diario, la lección natural y sencilla de aquel árbol, este banco, aquella flor, esta piedra, aquel amigo" (Escribano, 2007: 150).

Esta especial atención a ponderar el carácter deleitoso, además de útil (_utile et dulci_ horaciano), de la educación responde al pensamiento tomista del bien que aspira a la consecución de la felicidad, la búsqueda, en definitiva, de lo que nos satisface; voluntad no instintiva, sino que responde a una opción racional que exige la libertad de elección como condición imprescindible. Mariluz Escribano pretende conseguir que esta aparente utopía se convierta en fidedigna realidad, poniendo su atención en la formación y capacidad del profesorado, pero también en los mecanismos y providencias que le hayan de ser conferidos. La autora es inflexible e infatigable en la defensa del maestro, coartado por las imposiciones más autocráticas:

> Falta libertad en la escuela, falta respetar la iniciativa creadora del maestro, faltan mecanismos para estimular a los alumnos a los que hoy hablarles de esfuerzo es una tarea inútil gracias a la demagogia imperante. Falta sensatez para que los maestros no se sientan 'vigilados' permanentemente por los 'didactas' de turno. (Escribano, 2010: s. p.)

La libertad del profesorado y la capacidad de transmitir como integrador y privativo el bien de la educación son necesidades de una escuela fértil e innovadora. El pensamiento tomista distingue tres tipos de bien: el útil, el deleitable y el honesto. El bien útil no es bien en sí mismo, sino en función de otro bien; el bien deleitable es el bien que provoca un placer sensible o espiritual, no siendo un bien en sí mismo, sino un bien para el sujeto; el bien honesto es el bien que es querido no en razón de otro bien, ni en razón de su capacidad de conmover o deleitar, sino en sí mismo, razón que lo convierte en sustancialmente bueno (Bazán Mesquida, 2007: s. p.). Lo más deseable es que estos tres tipos de bien confluyan y a esto aspira la voluntad de Mariluz Escribano, lo que demuestra en su palabra y en su obra, confirmando la tesis de que toda acción educativa no debe realizarse porque sea útil o produzca placer, sino porque es buena en sí misma.

Consciente de esta premisa, Mariluz apostaba por una educación que traspasara sus límites, superando así las restricciones externas, opresivas y obsoletas en su mayor parte, que coartaban las manifestaciones espontáneas y libres de los alumnos, su derecho a la plenitud, su básica aspiración a la felicidad. Si educar es trascender, la misión del educador también es trascenderse, de la misma manera que educar es educarse, porque la perfección en el alumno se consigue exigiéndose el maestro su perfeccionamiento permanente (González Martos, 2020: 88).

Tanto la teoría como la praxis de la educación no favorece el esfuerzo del profesor, arrastrado por leyes que buscan la equiparación imposible entre el interés y la desidia que muestran los jóvenes y finalmente llevan a una depreciación sistemática del sistema educativo que se cataliza en todos los sectores de la sociedad, cada vez menos exigente con la devaluación educativa y la alarmante simplificación del lenguaje. El descuido de la palabra, manifiesto cada día con más virulencia en cualquiera de los *mass media* y de manera clara en la manera de comunicarse los jóvenes, ya sea por el abuso de las expresiones más procaces o la reducción a mínimos de las grafías, preocupaba especialmente a Mariluz Escribano, que la imputaba a la errática política de la educación y un equívoco concepto de la libertad, proclive a generar "una efebocracia exacerbada en toda la sociedad, una permisividad inadmisible y política, una tolerancia equivocada y necia" (Escribano, 2007: 185), apostillando sin ambages:

Ni padres, ni maestros, ni prédicas, ni políticas imaginativas pueden ya con los talantes enraizados en la intolerancia y el desprecio que muestran estos jóvenes gregarios faltos de la necesaria generosidad de dar a los demás lo que les pertenece y no constituirse en una carga social inadmisible. Nada existe para ellos dignos de respeto: ni tradiciones ni costumbres, buena convivencia o palabras que contengan el mensaje de la amistad traspasando los decibelios de una música enloquecida. Hablar en voz baja, con el susurro de la emoción o de la complicidad no está de moda. (Escribano, 2007: 185)

Se trataba de construir una sociedad distinta, para lo que había que elaborar una nueva pedagogía que debía transformar la educación, si no desde los cimientos, al menos desde los pilares esenciales (Sánchez García, 2015b: 124). Y Escribano lo sabía. Ella apostará siempre por el retorno a la belleza, inspirada en los supuestos de la ILE, y por la capacidad del lenguaje literario para construir espacios habitables, lugares gratos de convivencia, un mundo capaz de devolvernos, a través de la palabra, la armonía perdida y necesaria:

Hay palabras para todos los gustos: las que danzan o vuelan, las que huelen, las musicales o las que despliegan un abanico de colores, las líquidas, las que recuerdan sabores y tristezas, las alegres, las que conservan los sonidos del agua, el viento o la campana, las del ensueño o el sueño, las palabras de las que nos servimos para contribuir al amor o al desamparo… Y así hasta agotar los diccionarios. (Escribano, 2010: s. p.)

Mariluz denuncia como innegable la negligencia de los políticos que solo aspiran a seguir manteniendo sus sillones, los estadistas que desconocen la verdadera realidad de sus gobernados, los informadores que acallan lo que no puede silenciarse, todos y cada uno de los responsables de construir un mundo inhóspito donde la sombra absorbe todo rastro de luz: "Yo hoy quiero levantar la voz por esos pequeños que heredarán nuestros errores, nuestras frustraciones, los engaños que sufrimos con resignada conformidad, las tropelías que consentimos con nuestro silencio cómplice, el desarraigo por los paisajes desaparecidos" (Escribano, 2010: s. p.).

Conocedora de los procesos que estimulan el aprendizaje y las anomalías de un sistema proclive más a cubrir el expediente que a resolver deficiencias y desigualdades, su principal objetivo radicó en detectar y delatar las deficiencias de una educación burocratizada que ponía freno al verdadero sentido de la educación: formar hombres y mujeres con capacidad crítica y recursos basales, proclives a ser instrumentos de resolución de conflictos y construcción del progreso.

La enseñanza en las escuelas significa, hoy día, atravesar un camino pedregoso y lleno de dificultades administrativas y oficialistas que dificultan enormemente la indispensable creatividad de los maestros que dedican más tiempo a rellenar cuestionarios y seguir normativas sobre programaciones que a los propios alumnos. La libertad que es buena para todo en esta vida, se encuentra especialmente aherrojada y encerrada en la jaula de las disposiciones oficiales que emanan de los Gabinetes de Orientación Pedagógica de la Consejería de Educación de la Junta, en los que, como es natural, proliferan los pedantegogos (Gregorio Salvador, con toda su autoridad académica, inventó el palabro) que creen saberlo todo y coaccionan y pontifican sobre lo divino y humano, y dicen trabajar para un material tan sensible como son los niños o los jóvenes. La libertad creativa de los excelentes maestros que existen en nuestras escuelas se pierde en las arenas movedizas de las disposiciones recogidas en los Boletines oficiales, en la normativa inacabable y asfixiante que pretende formar maestros clónicos y alumnos tan deficientes como exasperados. (Escribano, 2010: s. p.)

Cuando Escribano escribe estas palabras, aún no se había producido la irrefrenable injerencia de lo burocrático en el orden educativo, por lo que nuestra escritora actúa como arúspice del arrollador desembarco administrativo que pocos años después asolaría sin exenciones seminarios y departamentos, obligando al profesorado a un denodado sacrificio en detrimento del verdadero sentido que conlleva el noble arte de enseñar. Porque Mariluz, como ocurría con Giner de los Ríos, mantuvo siempre una actitud serena frente a las eventualidades de la existencia, pero no tuvo nunca reparo alguno a la hora de luchar por la regeneración del país, combatiendo la zafiedad cultural y moral de individuos y organismos. En situaciones de molicie institucional, no dudaba en esgrimir su vena sarcástica para convertirse en una fustigadora porfiada e infatigable, adalid de una pedagogía humanista al servicio de la formación de caracteres, volcada en la reforma del ser humano, en la reforma interior de cada persona donde la creatividad se erigía en principio soberano (Ruiz Berrio, 1999: 7 y 9). Así Escribano escribe:

> No son los niños los que fracasan en su escolaridad, sino un sistema que, por inadmisible, debería ser desterrado. La escuela, los maestros, necesitan, en todo caso, respirar el oxígeno de la libertad que es imprescindible para la creatividad y el incentivo de las imaginaciones infantiles. (Escribano, 2010: s. p.).

SEGUNDA PARTE

Una escritora singular e incómoda: entre la forma y el fondo

En sus escritos periodísticos, Mariluz Escribano deja efectiva y lúcida constancia de no doblegarse fácilmente a lo que considera injusto, incívico o desaforado. Es incuestionable el sentir íntimo de la escritora, educada en las directrices de la Institución Libre de Enseñanza, que preconizaba la libertad y la independencia de la educación, razón por la que fue fusilado su padre y represaliada su madre; sin embargo, no tuvo nunca reserva alguna en denunciar los estragos de la política cuando, con sus decisiones, se agredía la integridad de su querida Granada y con ella el patrimonio identitario de los granadinos. El texto que he dejado como omega y alfa de intersección capitular es más que elocuente:

> Hay algo que difícilmente se perdona cuando se viene de una historia personal cargada de infortunios, cuando se rememora un tiempo de orfandad, un tiempo de destierro, días cargados con la tristeza de la injusticia que nos hizo, moral y materialmente, más pobres. Y eso que no se perdona es que se haya malbaratado una ideología, unos modos de comportamiento político llenos de honestidad y coherencia que eran el único patrimonio que dejaron, en nuestro corazón y en nuestras manos, nuestros padres que llegaron a morir por ellos. (Escribano, 2004: 67)

Siguiendo a Antonio Machado, su maestro en materia poética, Mariluz asumió los presupuestos de perfectibilidad, libertad y amor por la naturaleza, potenciando los principios educativos, proclives a defender por encima de otras consideraciones la formación integral del individuo, el valor de las personas sobre las cosas y la educación para la vida (Gahete, 2015: 133-134). José Sarria (2017: 352-353) no duda en calificar a Mariluz Escribano como una trabajadora infatigable, que no necesita para expresar su sentimiento de experimentación formal alguna; lo que ciertamente le interesa es pulir y perfeccionar sus textos, edificando con extrema pulcritud y claridad lingüística un mundo muy particular, difícil de encontrar en otros poetas actuales. Su dominio de la construcción poética y su perfección estilística en la ejecución de los textos la convierten en una de las escritoras más interesantes y originales del pasado siglo XX y el recién estrenado XXI.

Remedios Sánchez (2008: 29) establece que son cuatro los rasgos esenciales que caracterizan el lenguaje de Mariluz Escribano: el léxico cuidado y pulcro, la abundante y precisa adjetivación, el impresionismo colorista y el realismo lírico, siendo este último sustancialmente aplicable a su obra narrativa y de manera más específica al libro *Los caballos ciegos*.

El dominio del español que define la obra de Mariluz Escribano no es frecuente en los escritores contemporáneos, acostumbrados a la prisa y el afán comunicativo sobre cualquier otra consideración artística, lo que advertimos sobre todo en el terreno de la poesía. Es particular, en la prosa de Escribano, el uso de oraciones extensas, coordinadas y subordinadas que consiguen mantener sin disrupción alguna la ligazón temática y, aún más, consolidan el mensaje de lo que se pretende transmitir. Se trata, por otra parte, de un lenguaje con escaso artificio que no entorpece una extraordinaria capacidad de invención literaria tamizada por lo vivencial (Sánchez, 2008: 29).

Podría decirse que Mariluz Escribano pertenece a esa generación indefinida de escritores que no pueden encuadrarse en cronología alguna. Al margen siempre de corrientes e influencias, durante toda su vida solo se sintió pertenecer a la literatura que había tenido el gozo de leer y disfrutar. Libre de toda atadura, lo que la convertía en voz peligrosa para los falaces y paradigmática para los honestos, manifestaba con absoluta firmeza la ineficacia de las corrientes actuales, el escaso nivel de compromiso con la palabra, la presunta facilidad de los creadores a la hora de escribir tanto textos poéticos como narrativos (Tapia, 2008: s. p.). Frente a esta descafeinada fórmula de la creación que tanto desalentaba a la escritora granadina, Escribano proclama la autoridad de la tradición y la calidad del trabajo minucioso, la lectura y revisión de los textos, la elección exhaustiva de la palabra exacta para expresar el preciso concepto, la búsqueda de la armonía musical que no solo pudiera reflejar la aspiración o el ansia de la escritora por hallar ese espacio de reconciliación humana (Cabrera Martos, 2020: 164) sino que además dejara manifiesta su postura sobre el valor del ritmo en la palabra, sobre todo cuando es explícitamente poética:

> Porque la música, aunque haya gente que no se dé cuenta, es muy importante en un poema. Sin música el poema se convierte en prosa y la prosa es punto y aparte, otra cosa diferente. Aunque ahora haya autores que no se aclaren y mezclen géneros, como el que mezcla elementos en una coctelera. Y eso no siempre da buen resultado. (Escribano, 2017: 444)

Admirable en la enunciación literaria de Mariluz Escribano es su capacidad para la descripción, un procedimiento retórico que manejaron a la perfección poetas como Garcilaso de la Vega o Luis de Góngora y narradores como Azorín o Benito Pérez Galdós. Incluso cuando se trata de describir lugares luctuosos a los que dota de una fascinante belleza:

Todos los muertos de este cementerio, en el que crecen los alacra-
nillos y las génivas, guardan en las cuencas vacías de sus ojos reta-
zos de cielos crepusculares, tormentas de nieve o de pedrisco, sol
hacedero de trigos cuajados, sombras de tarde cansada, caminos
en los que el polvo era la única guía entre los surcos, extensiones
agrarias de cebadas y centenos, dulce aleteo de palomas torcaces
con su cuello del color del jade o el de las palomariegas que se
aventuraban por los campos y regresaban a los palomares con una
dulce costumbre de andariegas. (Escribano, 2008: 92)

Pilar fontal del clasicismo en la literatura, con toda su co-
horte de detractores recalcitrantes, la fórmula *ut pictura poesis*
(literalmente "la poesía como la pintura"), que expresa la capacidad de todas las artes para relacionarse e incluso transfun-
dirse, nos remite a la locución latina formulada por el poeta
romano Quinto Horacio Flaco en su obra *Epístola a los Pisones*,
configurando perfectamente el sentir literario de Mariluz, que
describe con tan singular perfección lugares, personas, hechos
y hasta emociones, capaces de iluminarnos como si se tratase
de una pintura, porque, cuando Escribano (2013: 76) no puede alzar la voz para alegrar la brisa, su mano escribe el color del
recuerdo.

Sus ojos se llenaron de silencio y de naranjos, de pájaros altos y
navegadores y los meses pasaban por ella con la lentitud de las
estaciones que se reflejaban en la plaza y en sus árboles crecidos:
verdes de hojas y blanco de azahar en las copas de los naranjos en
primavera, amarillo brillante de sol en el verano, blanco pálido de
nieve en los cielos invernizos, los dorados del otoño en las pocas
acacias que bordeaban la plaza. (Escribano, 2008: 150).

La plasticidad del lenguaje de Mariluz es uno de los más
férreos hitos de su escritura. Probablemente por el acercamiento

a la pintura, que la llevó a exponer algunas de sus obras pictóricas con evidente éxito de público y crítica. En aquella ocasión, Mariluz tuvo como excepcional comisaria de su obra a la artista Dolores Montijano, que no dudó en proclamar que Mariluz convirtió en color la palabra:

> Se agrupan los tonos, ocupan sus lugares, impulsa tu mente el movimiento de la mano que gesticula un color atrapado en el vuelo de una palabra expresada, para quedar definitivamente instalada su voluntad de acción en el lugar deseado que tú buscaste para ella. Es entonces cuando el lienzo nos cuenta los verdes que soñaste, los azules que se incrustaron en tu alma […] y se te quedaron dentro […] los malvas, los magentas diluidos en suspiros tan livianos que nadie los percibe. Sólo tú sabes que están, sólo tú notas esa presencia cálida y reconfortante que aclara a tu mirar limpio de oscuridades […] Y nos llega entre luces infinitas tu mensaje de claridad […] abriéndoles las puertas al color clausurado. (Montijano, 2020: 72)

Francisco Morales Lomas (2020: 159) destaca la enorme riqueza del lenguaje lírico en la obra narrativa de Mariluz Escribano, sobre todo en el uso preciso de los adjetivos apreciativos y en la creación de imágenes, donde se asocian elementos dispares resaltados por espontáneas metáforas sinestésicas guarnecidas de poderosas texturas sensoriales, el uso eficaz y reiterado de símbolos propios y la evidente urgencia por dotar el lenguaje de un patrimonio axiomático tachonado de novedosas aportaciones connotativas. José Sarria (2017: 355), por su parte, arguye que el lector no hallará alborotos ni estridencias en el claro lenguaje de Mariluz Escribano, sino un entusiasmo contenido, propio de una poeta universal decidida a encontrar la plenitud a través de ella y, por su asumida feminidad, desde ella, erigiéndose la presencia de lo arrebatado, de lo aniquilado, en compromiso crítico. Los textos de Escribano, tanto poéticos como narrativos, son un estandarte contra el olvido y la conformidad, una insurrección contra la dejación de lo justo y la amnesia social frente a lo injusto, un clamor exacerbado en favor de los débiles y los destinatarios del horror, que se ecualizan y prorrumpen en los silencios de sus propuestas líricas.

Porque, par a su compromiso con la palabra, Mariluz Escribano sabrá enfrentarse a los desafueros de los políticos, mudos ante la tragedia de los emigrados, la sangre de las víctimas del terrorismo, el horror de la guerra y las exigencias sociales que impedían ser a Granada esa estancia cómoda, bella y silenciosa, capaz de cultivar lo mejor del alma humana; y, por ello, no tuvo nunca temor alguno por desvelar los desmanes ni las agresiones, poniendo al servicio de esta causa la exquisitez precisa de sus adjetivos, su arte de escribir y su sorna granadina, cargada de sátira y humor, que escondía puñales y dardos envenenados contra aquellos que, pudiendo, no tuvieron nunca la voluntad exigible de ejercer su autoridad con mesura ni la sensibilidad exigida para conseguir con su trabajo que fueran efectivas las justas reivindicaciones; ideas y palabras que extraigo y transcribo de la coordinadora de "Mujeres por Granada" y "Ciudadanos por Granada", Remedios Murillo Cubillas (2020: 64-66), quien apostilla que, de la pluma de Mariluz, tomaron vida cientos de artículos, recogidos en varios volúmenes, testimonio vivo de una ciudad maltratada

Remedios Sánchez (2008: 30) define la obra de creación literaria de Mariluz Escribano como una de las mejores aportaciones literarias del siglo xx. La profesora de la Universidad de Granada concluye el estudio preliminar de *Los caballos ciegos* señalando que Mariluz Escribano es inconfundible en fondo y forma, porque su manera de contar se aleja de lo que estamos acostumbrados. La construcción de un discurso tan personal le confiere un estilo propio, cualidad inequívoca de una manera de ser y un modo de escribir que responde a la sentencia del conde de Buffon cuando afirma que *le style c'est l'homme*. La obra de Mariluz Escribano se corresponde con una de las voces más sólidas y versátiles de la literatura española contemporánea y, por ello, forma ya parte indiscutible del patrimonio literario andaluz y español.

2.1. Temas fundamentales en la obra de Mariluz Escribano

Remedios Sánchez García (2008: 17), la más relevante especialista en la obra de Mariluz Escribano, declara que nuestra autora "tiene una particular visión de la vida que late en todas las obras de su trayectoria" y se revela de manera notoria en los temas fundamentales de su producción literaria. Es la propia Escribano (2017: 445) quien señala los temas que son claves en su trayectoria: "la infancia, la melancolía que reposa en el recuerdo, las figuras de mis padres y su mundo, una vida de mujer normal enfrentada a lo «políticamente correcto» y la Historia (con mayúsculas) que muchos quieren desdibujar'".

José Sarria (2017: 354) defiende que son cuatro las temáticas esenciales que destacan en la obra de Escribano, ejes axiales del material literario que contribuye a la elaboración de su mundo poético, toda una cosmogonía construida sobre sus vivencias personales, con la preocupación primaria de la búsqueda de lo esencial:

1. La presencia benefactora de la figura materna ("Mi madre es una estatua / sentada en la maleta") que se erige como testimonio contra el paso del tiempo y contra el olvido.
2. Las soledades compartidas, asociadas a las palabras que

envejecen, a los amigos que no regresan (Valeria, Mica, Federico García Lorca) y al desamparo permanente de la ciudad de Granada ("estoy triste en el denso / silencio de las horas").

3. El canto incesante a la amistad (Tadea Fuentes, Elena Martín Vivaldi, Eduardo Carretero, Luis García Montero y otros tantos amigos que afloran en su obra).

4. La identidad femenina, no como algo pasajero ni juegos de moda ocasionales, sino una auténtica proclama de su condición de mujer decidida a encontrar la plenitud en la integridad de lo femenino.

5. Y, muy especialmente, la evocación del padre: "Todo el mundo conoce / que heredé de mi padre una bandera", columna vertebral de una arquitectura lírica que se eleva como señero y firme estandarte ideológico.

Partiendo de estas premisas, configuramos el privativo canevá nomológico donde se inscribe temáticamente el universo de Mariluz Escribano.

2.1.1. *La infancia y la añoranza del tiempo perdido*

La infancia, truncada por la muerte de su padre y vivificada por la fortaleza de su madre, ha sido uno de los temas fundamentales de la obra narrativa y poética de Mariluz Escribano. En *Sopas de ajo* (2001: 22), la autora extrae todas las esencias de una infancia fértil, según nos señala en diferentes ocasiones, razón por la que se anima a escribir, con la intención expresa de legar el fehaciente testimonio a sus hijos y nietos (que nunca tuvo) de que, a pesar de las dificultades, ella se había sentido feliz en los primeros años de su vida, hasta el punto de afirmar posteriormente que su infancia fue una patria a la que acudiría con frecuencia en sus soledades del presente.

La vida […] es una mezcla agridulce de sensaciones y sentimientos que se fraguan en el crisol afortunado de la infancia y que luego nos conforman en los años de la edad adulta, pareciendo mentira tal persistencia en el tiempo de cosas aparentemente intrascendentes. Aconteceres que, como luego se demuestran con el devenir de los años, marcan a fuego las conciencias y definen los comportamientos humanos. Aunque ya sé que es manido caer en lo que ya son tópicos, sí debo afirmar que mi infancia fue una patria a la que acudo con frecuencia en mis soledades de hoy. (Escribano, 2001: 23)

El poeta y novelista austríaco Rainer María Rilke definió con exactitud la importancia de la infancia en la vida de los seres humanos. La infancia es la verdadera patria del hombre, manifestaba el poeta, y no solo porque forma parte de nuestras vidas sino porque forja y estructura los vectores de nuestra personalidad. Mariluz siempre tuvo la convicción de que aquella infancia había cimentado su carácter combativo y su deseo de instruir en la conquista de una sociedad más habitable, necesitada de perdón y reconciliación; una infancia agridulce que, para Mariluz, significó el descubrimiento de la belleza gracias a la poderosa voluntad de su madre, una mujer fuerte que la instruyó en el vigor de vivir y el entusiasmo de la superación.

Esto no impide que aquella época feliz estuviera entreverada de fantasmas y penalidades, mestizaje abstruso de la ausencia del padre y las presencias de la madre, los familiares burgaleses y los convecinos de la huerta de San Vicente, brumosas imágenes que la perseguirían instintiva y holísticamente a lo largo de su vida y, de manera esencial, entre las páginas de su obra literaria.

Todos los amores necesitan un paisaje, que puede ser moral o físico. Y todas las infancias una patria que se va construyendo, desde la imaginación, a través de las miradas y los gestos de las gentes próximas. Ojos que miran, acendradamente, cómo crece tu niñez, y manos que te levantan en el aire y te ayudan a grabar en la memoria la materia sensitiva y necesaria que sustentará tu mundo en el futuro. (Escribano, 2001: 35)

El concepto atmosférico de la lluvia, convertido en hipertexto como referente metafórico, devendrá vinculado al paso vertiginoso de la infancia, a los días grises contemplando las lágrimas del cielo que se desvanecen como las horas sin dejar rastro alguno; como la primavera, esa muchacha pálida que se niega a crecer (Escribano, 2001: 39); como ese rayo que cesa y se renueva y nunca vendrá transido por el mismo clamor ni por el mismo aliento.

La lluvia, ese olor transparente y solo, hace posible que haya, en la grisura de la casa, flores y frutos en cada florero, en cada frutero, en cada bibelot, y añade aromas aldeanos a los quehaceres domésticos, edifica toda una prosa aventurera y descansa las pupilas estragadas de vulgaridad y cemento. Y así hay días en que vamos del jardín al huerto y del huerto al jardín.
La lluvia trae estos días hasta mi vergel sonidos y olores ferroviarios. Constituye un pretexto para volver con la memoria a los andenes de mi infancia, a las locomotoras de carbón, a los vagones metálicos y madereros de la tercera clase que nos llevaban hasta Madrid en una lenta travesía de pueblos y estaciones dormidas. (Escribano, 2010: s. p.)

El vocablo "lluvia" adquiere en la obra de Mariluz Escribano un doble plano: el epifórico, asociado a los recuerdos de la infancia, y el real como expresión de la feracidad de la naturaleza y la consunción de la vida. Así la lluvia transita en la elegía interminable por Granada, sumida en la demoledora niebla del tiempo: "Bajo el sol y la lluvia / de este otoño imprevisto, / camino por las calles de Granada, indocumentada y triste, sin huellas digitales / sin un papel que diga / mi nombre y mi estatura […] Habré de conocer que he perdido / la ciudad de mi infancia" (Escribano, 2013: 54). Y, de igual manera, devendrá asociada a la fecundidad y la regeneración, "intensifica la tristeza y la nostalgia de una infancia perdida. En suma, agua, el agua de tu Granada" (Martínez Ezquerro, 2020: 186). Sánchez García (2013: 27) nos recuerda que el otoño, la lluvia y la tarde son tres rotundas metáforas de gran potencia argumental, conectados intemporalmente desde la infancia a la madurez. Pero no solamente se refleja en versos y relatos la infausta pérdida de los primeros años de la vida sino también el irreparable desvalimiento de los niños que crecían conculcados por trabajos brutales, faltos de recursos materiales y de la imprescindible educación que habría de configurar con eficacia la estructura de su personalidad:

Niño de ojos dormidos,
obrero de la arena
que edifica castillos y volcanes,
pozos oscuros y colinas.

Niño de ojos dormidos,
¿sabes que hay palomas de mar
y chamarices en las palmeras?

Detente en tus trabajos.
Ven a mi lado y mira los pequeños veleros.
Y cómo el mar se aquieta
cuando una gaviota alegre
pasa y vuelve y regresa a su albedrío. (Escribano, 2013: 55)

Sánchez García (2008: 30) nos remite a esta primera época de Escribano señalando que se trata de una infancia con sabor a pueblo, palomas y tristeza serena porque conlleva la pérdida de un mundo bello, aunque transitorio, que desaparece y se modifica con el paso del tiempo. En general los pájaros y en particular las palomas marcan los primeros años de la vida de Mariluz Escribano. En el cuento "La muñeca rubia" (Escribano, 2008: 109), confiesa que solía conversar con ellas, en un diálogo de gestos, cañamones y miguitas de pan; un diálogo sincero y apasionado, pleno de movilidad e incertidumbre, para culminar proclamando que se siente exultada por las palomas, el recio batir de sus alas, la blanca pulcritud de sus cuellos, la movilidad incesante de sus cuerpos en los amplios jardines de la infancia. Porque todas las palomas pertenecen a las infancias más solitarias y tristes. Y por eso le gustan las palomas, porque acompañaron sus primeros pasos en un jardín de invierno y compartieron con ella la desnudez de los parterres y la ignorancia del frío (Escribano, 2008: 101-102); pero, sobre todo porque representan la memoria y la nostalgia de la libertad, del vuelo más alto, de la lucha por la supervivencia.

Para Laura Scarano (2020: 103-105), la infancia no es un mero apéndice temático en la obra de Escribano sino una de las vías de construcción de la subjetividad lírica del yo, asociada cardinalmente a una crucial coyuntura en la vida de la autora: la guerra civil y la posguerra, hechos que la condenaron a sufrir la orfandad del padre asesinado y el exilio de la madre represaliada sin más causa que la de una venganza personal ruin y deplorable. Así la singularidad constructiva de la infancia no se entiba sobre abstractas concepciones metafísicas sino, muy al contrario, surge de la experiencia material –carnal, diría yo–, en que toda enunciación subjetiva se convierte por derecho en imaginario colectivo; o, como manifiesta Scarano (2020:

106), no se trata de una mirada aséptica de la historia pasada sino una visión –o cosmovisión– coherente de una conducta de rebeldía y denuncia.

2.1.2. *El padre, la madre, la familia*

Esencial en la obra de Mariluz Escribano es la familia, porque lo suele ser en cualquier vida, pero cuando el feroz destino nos arrebata, inmisericorde, alguno de sus miembros, la desenraizada figura se agiganta y envuelve, conmoviendo, a todas las demás. Para Mariluz, la pérdida de su padre, Agustín Escribano, a quien ni siquiera tuvo tiempo de reconocer como suyo, cobra una dimensión inabarcable, ajena a todo consuelo. Así la desdibujada imagen de Agustín se convierte en un acicate para Mariluz, que centró gran parte de sus aspiraciones en recobrar cualquier noticia, por muy abstrusa que fuera, de aquella lejana y difuminada memoria:

> Te esperaré en la noche
> con la casa encendida.
> [...]
> y esa será la forma de quererte
> de preguntarme dónde
> encontraré tus huesos.
> [...]
> Nunca serás un bosque, padre mío,
> [...]
> Aunque siempre te espero
> con la casa encendida
> por ver si me acaricias
> con tu mano en la frente (Escribano, 2018: 21-22).

Este deseo de recobrar la memoria físicamente inaccesible de su padre va a marcar cardinalmente la obra literaria de Mariluz

Escribano. La recreación de una infancia imposible guiada por la figura paterna se configura como el motivo confesable de toda una epopeya lírica que comienza por el deseo de regresar a Pedrosa del Príncipe:

> para sentarse en la piedra blanca y caliza que había en la calle, frente a la oscura boca del portalón de la casa del abuelo, y comer el pan de la maquila y las cerezas de la huerta y escuchar el rumor del tiempo sosegado sobre los majuelos, y el trasiego incansable de los pájaros, con el oteruelo al fondo del paisaje, tal como me contaron que hacía mi padre algunos años atrás. (Escribano, 2001: 40-41)

La casa de los abuelos es un referente constante en la obra narrativa de Escribano. Sus recuerdos recorren los días de la infancia y el sabor inconfundible de la familia que tanto bien supuso para la pequeña Mariluz, que aún no entendía muy bien lo que significaba la orfandad, pero mantuvo siempre intacta la intensidad de los afectos:

> Conservo, a pesar de mis escasos dos años, imágenes muy nítidas de la casa de mis abuelos en la que vivían mis tías y mis primos, que eran muchos entre chicos y chicas. Aquella casa siempre la consideré refugio de un amor entrañable, y fue, desde el principio, un lugar de acendrados sentimientos en el que empezó a fraguarse el sustrato sentimental de mi existencia, el hueco necesario y vegetal de los afectos profundos. (Escribano, 2001: 34-35)

Sin embargo, aquella casa también le traía sentimientos de desolación. Mariluz tampoco conoció a su abuelo Santiago, fallecido ocho años antes de su nacimiento. Con el paso del tiempo, la memoria del abuelo también se fue agigantando y, a su modo de entender, estaba más vivo que el resto de los habitantes de la casa:

La casa de mi abuelo era una casa de muertos [...] pero los ver-
daderos muertos eran todos los que subían o bajaban las escaleras
sin utilizar el arambol, las que ponían a hervir la olla de la sopa
con la liturgia y el aburrimiento de todos los días. (Escribano,
2008: 140)

Desde la ficción, Escribano rememora la realidad vivida y
aquella otra realidad que le hubiera gustado vivir, pero no fue
posible porque el destino ya había establecido sus leyes y la
muerte había cerrado cualquier posibilidad de realizarse. En definitiva, toda pérdida implica un desgarramiento, aunque se ori-
gine desde la vivencia inmaterial, aquella que podría haber sido
y nunca fue, impuesta por el azaroso avatar de la existencia y sus
inopinados acaeceres. Doliente e imborrable fue la muerte de un
padre demasiado joven para desaparecer, pero también lo fueron
las ausencias de los abuelos a los que nunca conoció: el abuelo
Santiago, al que imaginaba asumiendo una autoridad férrea que
resonaría en la reciedumbre de su voz y habría de dulcificarse
cuando debiera tomarla entre sus manos para subirla a los trillos
(Escribano, 2008: 139); o la abuela María Jesús, siempre en guerra con la meteorología, los vientos y las escarchas, las piedras de
hielo de las tormentas y las tierra en espera de barbecho, de la
que no quedaba ni una fotografía para saber si había heredado
el color de sus ojos, su manera de mirar o la figura de sus manos
(Escribano, 2008: 146); o la abuela Serena, viviendo lejos del
mundo, encerrada en su habitación, sin querer ver a nadie, con
el dolor acuchillándole el corazón y la cabeza, durante más de
veintiocho años, el tiempo transcurrido desde que su hijo fuera
asesinado por los fascistas el 12 de septiembre de 1936, en las
tapias del cementerio de Granada, hasta su muerte el día de la
Virgen de agosto, un sábado radiante de luz y silencio, de pájaros
y pregones lejanos (Escribano, 2008: 149).

Sobre todas estas irradiaciones circulares, deslumbrará la figura central del padre, contrarrestada de manera singular por otro agonista crucial de la historia, la presencia de la madre, ataviada de fulgores vivenciales que se contrapondrán al imaginario quimérico de un padre siempre ausente. En el escenario vital de Mariluz no se cumplía el dictamen que, según Juan-Eduardo Cirlot (1991: 347), remite al origen consciente la figura del padre en contraposición al sentido materno del inconsciente. El destino quebró de cuajo el simbolismo canónico, estableciendo premisas connivientes en la que todas las energías arquetípicas se funden en una misma naturaleza, la femenina, configurándose el padre como el *deus ex machina* que próvidamente salva a la hija de las situaciones más anfractuosas, un ser providente capaz de dar sentido a los escenarios más inverosímiles. El poema "Los ojos de mi padre" es un veraz testimonio de esta impronta indeleble y, sin duda, uno de los grandes hitos de la producción poética de Mariluz Escribano, pero la imagen paterna trasmina toda su obra y la traspasa como un cauce infinito. En el año 2008, Escribano publica el artículo "Al alba", recordando que se escribe en el 72 aniversario del asesinato de su padre, Agustín, maestro de maestros, ocurrido en la madrugada del 12 de septiembre de 1936, junto a las tapias del cementerio de San José de Granada:

Quiero decirte, padre, que septiembre es un grito, setenta gritos ya en los calendarios, es un tren que cogiste sin regreso, un animal herido que subsiste bajo los cielos glaucos de Granada, un mes que tiene un nombre y una fecha adunados en torno a tu figura.

Quiero contarte, padre, aunque tú ya lo sabes, que no aprendí las letras en tus abecedarios, que no supe decir tu nombre hasta muy tarde, hasta que regresamos del destierro, en tierras castellanas, mi madre con su fuerza y yo con los ojos limpios de la infancia. (Escribano, 2010: s. p.)

El texto se concibe esencialmente al modo de epístola y muestra todo el dolor asumido día a día en el transcurso de una vida nunca fácil y la capacidad de amar al mismo tiempo a quien ni siquiera se llegó a reconocer como padre, perdido en la nebulosa de la infancia; capacidad de amar que socava el dolor, pero no lo remedia, porque se trata de un dolor interiorizado, íntimo, carente de rencor, ajeno al odio, pero fieramente enraizado en la médula de su ser, un dolor lento e inconsolable, petrificado en la conciencia, piedra angular de su obra, un dolor brutal, avasallante, un dolor transido, sereno, que es quizás el que más duele (Enrique, 2022: 5).

Recio tu nombre, alta tu figura, inocente cruzado de guerrero, bandera de tu estirpe, hombre del trigo, íntegro como el pan samaritano, conocedor del cielo y sus galaxias, diste nombre al amor en la estrella de Antares. Estas cosas las sé porque me las contaron, quedamente narradas, oscuramente dichas, porque sombra y silencio cayeron sobre el mundo para no dejar rastros de la infamia. (Escribano, 2010: s. p.)

En el relato "Septiembre 1936", Escribano reitera vital y literariamente la honda pesadumbre de no haber vivido el contacto tierno, vigilante y firme de su padre a lo largo de su vida, una vida privada de sus besos, con el recuerdo impreso de ese último beso imaginado en la dolorosa despedida, el beso que dejó "un rastro incandescente de sueños extendidos, una nostalgia agraria corriendo por el alboroto de mi sangre pequeña que aún brota entre mis manos como flores de sol" (Escribano, 2016: 115-116). Y en ese instante de la reminiscencia, Mariluz comienza el abrupto camino de la recuperación de la memoria de Agustín Escribano, inasequible al desaliento. Toda su vida se convierte en una infatigable anamnesis para compilar el difuminado conocimiento de un padre cuya sangre rodaba por el mundo, a fin de penetrar en su cuerpo, en su pensamiento, en la memoria necesaria que la impelía a vivir.

Y como necesario contrapunto la figura crucial de Luisa Pueo: "Mi madre cosía en la ventana un paño antiguo de tristeza y me sonreía lejana, dejaba descansar su canción sobre mi pecho, y no hablaba" (Escribano, 2016b: 116). El silencio será para Mariluz Escribano un conector misterioso entre estas dos figuras capitales. Antonio Enrique (2020: 226) lo explica así: "en silencio es como se hacen las cosas más verdaderas: el dolor, el dolor de lástima, el dolor que no se mira a sí mismo porque la mirada del silencio siempre se proyecta hacia los demás"; y esto permite que, misteriosamente, este silencio encuentre refugio en la palabra y de él brote la palabra, porque se trata de un silencio que necesita las palabras para existir, para sobrevivir; y, desde esta dimensión onírica, casi mística, de la música callada, ser entrevisto y oído (Lara Nieto, 2020: 148): "Detrás de los visillos silenciosos y albos, / náufragos en el aura dorada de la tarde, / habitaba la luz insomne de mi madre, / su silencio de flor, / su soledad de pájaro" (Escribano, 1993: s. p.). Como manifiesta Sánchez García (2013: 22), la figura de la madre en la obra de Escribano supera la mera virtualidad de la persona para convertirse en "un tiempo, una forma de ser, un modo de vivir y de hacer que condiciona y marca el devenir de su vida adulta": "el amor fue mi casa, / quiero decir mi madre" (Escribano, 1993: s. p.).

Contrapesando la ausencia del padre, Luisa Pueo siempre estaba allí, construyendo día a día los pilares de la vida de una muchacha delgada y alta que se hacía mujer. Pero pocas veces miraba hacia el pasado. Su madre, torrente imparable de labores, fortaleza de palabras, insobornable manera de estar en el mundo, nunca manifestó su felicidad o su tragedia, como un secreto que guardara celosamente, indesmayable ante el mundo heridor que la rodeaba, un mundo de palabras cercenadas, imposibles en el momento político en que la prudencia, la mansedumbre y el silencio se habían convertido en inapelable necesidad (Escribano, 2002a: 106-109). En el intenso poema "Desde un mar de silencio", dedicado a la memoria de su madre, se explicitan dos de los temas asociados a la figura materna: el mar y el otoño. Estas dos referencias arquetípicas en la poesía de Escribano abarcan todo un proceso de deconstrucción personal y literaria que ensambla la imagen del mar como evocación de la infancia perdida con las connotaciones simbólicas de la libertad, el amor, el hogar y la alegría (García Linares, 2020: 174 y Martínez Ezquerro, 2020: 185) y el adiós al mar que presagia el otoño con el aviso de la soledad en la senectud que no encubre las secuelas del alzhéimer y el deterioro progresivo de las capacidades (Campos Fernández-Fígares y Quiles Cabrera, 2020: 192).

En el devenir de estos silencios, que son como adormidos ecos sonoros, Mariluz Escribano integra la presencia amable de sus hijos, en los que se proyectan todos los niños del mundo, incluso su propia historia de éxodos y palabras impronunciables. En *Memoria de azúcar* (2002: 102), Mariluz Escribano nos lleva a conocer su experiencia –no siempre tan amable como hubiera querido– de la maternidad, el clamor de unos ojos que se perdían en los suyos en un afán de conocimiento y afecto, ojos de octubre, despiertos y encendidos, que pretendían recobrar la sombra reaparecida tras el arduo paréntesis de los cinco años en la facultad; la mano de los hijos, como piedra fresca y líquida, entre sus manos, atravesando el mediodía capitalino, la luz ardiente en la mañana madrileña de un Madrid dieciochesco, buscando un lugar donde descansar del agotador viaje (Escribano, 2002: 66); los paseos adiados persiguiendo a los niños que se escapan de su mano, de su pluma, intentando pisar los lugares precisos de su futuro (Gallego Morell, 2002: 10). Y finalmente ese poema estremecedor y estremecido donde declara:

Mi corazón estuvo
siempre en guardia con ellos.
Y ahora que ya han crecido
y conocen los mundos de las hierbas,
los nombres de los pájaros,
la música del mundo,
los placeres del libro,
creo que ya he cumplido
mi misión en la tierra (Escribano, 2015: 66).

2.1.3. *La ciudad de Granada*

La ciudad de Granada es otro de los temas capitales de Mariluz Escribano. En toda su obra, poética, narrativa o periodística, esplende con singular luz. En *El ojo de cristal*, nos refiere la visión de una niña de siete años, subida a los tejados de la Escuela Normal de Magisterio, contemplando desde la altura una ciudad insólita:

Un sol de mañana o de tarde reverberando en el cerro de San Cristóbal con sus muchachos deteniendo el vuelo de los pájaros con sus anzuelos aéreos, la torre de la Catedral, el ir y venir chirriante y amarillo de los tranvías, la avenida arbolada de lo que hoy se llama Constitución, la diminuta estatura de los viandantes, la imagen esbelta de la Virgen del Triunfo, la vieja plaza de toros de la ciudad. (Escribano, 2004: 31)

Mariluz reitera sin fatiga en toda su obra el amor por la ciudad de la Alhambra, a pesar de los infaustos recuerdos que provocaba en su memoria, y por ello tuvo siempre la voluntad decidida de luchar por ella y reivindicar la corrección de todos los desafueros que la convertían en una ciudad pobre y provinciana. Desde muy pequeña almacenaba los recuerdos de una profunda decepción interior vertida en palabras reveladoras, plenas de profunda emoción y belleza:

Así hay que pensarla, hay que seguir pensándola –imaginándola– entre tanto derrumbamiento tan ciertamente inútil. Y cuando la sientes así, dentro de ti, con todos sus imperdonables olvidos, con todas sus inacabables indolencias, con ese saber estar en la merecida pobreza, empiezas a quererla y a odiarla en igual medida, es decir, desmedidamente, atravesada por una simbiosis de esquizofrenia implacable. (Escribano, 1995: 98)

Mariluz vivirá durante los primeros años de su vida en la Huerta de San Vicente. La transcripción de este lugar de su infancia en relación con la vecina ciudad de Granada es ciertamente denotativa de ese dolor palpitante en el que se sumía su corazón de niña. Mientras la Huerta de San Vicente, en la vega fértil de Granada, en medio de las hazas de cereal y lino, alumbraba la sombra de Federico García Lorca, estatua ya de bruma y piedra y palabra de niebla, y era un puerto al que volver para encontrar el cobijo de la patria, la ciudad de Granada devenía como una mancha de tristeza, un hogar de suburbio, una desolación de alcobas apagadas, un polvo de soledad mugrienta que desdibujaba la blanca luz de las estrellas (Escribano, 2001: 94-95). Mariluz culpa, con tristeza, de esta desolación a los gobernantes que orquestan campañas fraudulentas y habitan en los despachos marrulleros de la política. En su obra *El ojo de cristal*, la conflagración entre su sentir íntimo y la apatía de las instituciones es un eco constante:

> Desde que tengo memoria, hasta el día de hoy, percibo la desagradable sensación de que todas las autoridades políticas que por aquí han sido tienen la misma cara, muestran idénticas sonrisas bobas en las diversas inauguraciones de la nada más resonante, satisfechos de sí mismos y sapientes, son clónicos en sus ademanes y en sus engaños, se atrincheran en los despachos del absolutismo más radical y comen las albondiguillas de los saraos sociales, satisfechos con sus sueldos, encantados de sí mismos. Sus relojes se han detenido en una hora de inoperancia e improvisación. Todos los días inauguran su propia eternidad perversa. (Escribano, 2004: 93)

Escribano denuncia la venalidad de todo lo esencial, lo inmanente, en aras de criterios economicistas que solo buscan el rédito sin tener en cuenta el valor verdadero, degradando lo uno y lo otro. Así lamenta cómo la Alhambra, en su juventud paraje remansado donde era posible descubrir la belleza (Escribano, 2002a: 123-124), se ha convertido en un producto mercantilista, en la castración de un sueño, en un mundo perdido, en un lugar de imposible retorno (Escribano, 2004: 37-38).

Pero no solo a los políticos culpa de esta desidia lancinante, también pone en evidencia la inacción de los ciudadanos, responsables de tolerar los desmanes contra el patrimonio, de mantener sin rebeldía el sutilísimo veneno de la conformidad y la indiferencia, "incapaces de levantar las banderas reivindicativas ante los desafueros organizados. La eternidad también nos paraliza" (Escribano, 2004: 92), porque llega un momento en que ya es demasiado tarde para restaurar lo demolido y no nos queda más que pronunciar un réquiem triste por la ciudad sometida a "una degradación en su paisaje y en su patrimonio de

tal envergadura que alguna vez nos lo demandará la historia"
(Escribano, 2004: 66); un réquiem fatal "en el que timbales,
campanas, violas y violoncelos reproduzcan la luz prodigiosa
de una Granada muerta" (Escribano, 2004: 74).

2.1.4. *La vida en los pueblos y la naturaleza*

Como manifiesta José Antonio Muñoz (2020: 199), el retorno a la naturaleza –que implica asimismo la búsqueda de
un estado de bondad natural y equilibrio, pervertidos por intereses espurios– será una constante en los artículos de Escribano y en toda su obra. El tópico del *beatus ille* aparecerá con
frecuencia en la narrativa de Mariluz que recordará íntima-
mente la casa de los abuelos en Pedrosa del Príncipe, donde
nació su padre, un pueblo pequeño en la provincia de Burgos, poblado de viñedos, bodegas y lagares, uno de los "pueblos perdidos en la geografía de los palomares que todavía se
salvan de la agresión del progreso, de la mugre que desprende
la incivilizada costumbre de las ciudades" (Escribano, 2007:
178). Ejemplo palmario es el relato "Un día en la plaza", en el
que Joaquín, obligado a dejar su vida serena en el campo para
asentarse en la ciudad con su hija y su yerno, echa de menos
"su casa blanca, el ailanto que la sombreaba, el paisaje abancalado del valle que se abría al mar, ese cielo [...] por el que
circulaban en vuelos concéntricos y libres, las aves [...], el
olor de la retama y la manzanilla" (Escribano, 2008: 54). Para
el protagonista, "unas acacias faltas de riego, unos bancos y
una fuente para beber le parecieron un paraíso en medio de
tantos edificios deleznables, de tanta pobreza ciudadana y de
tanta ventana espía" (Escribano, 2008: 55). Recordaba cómo
en su pueblo, a esa misma hora, "estaba sentado, recibiendo
la brisa de la montaña, contemplando a los pájaros, mirando
hacia el valle que conducía al mar, sintiendo el pálpito de una

tierra fértil y próxima, el latido de la vida muy cerca de él" (Escribano, 2008: 55).

También en su poesía, Mariluz Escribano recurre al tópico clásico del *beatus ille*, término que proviene del poeta romano Horacio, pero se asocia igualmente a los *Idilios* del poeta helenístico Teócrito, un delicioso cancionero de poemas breves dedicados a ensalzar los placeres de la vida en el campo que después llevaría a su máxima expresión el romano Virgilio. Fray Luis de León retomará el tema horaciano desde otra perspectiva mucho menos idílica, pero igualmente favorable a ensalzar los deleites de la vida retirada. En la poesía actual, algunos autores han escogido este caudal vivo de la lírica para manifestar sus emociones, significando así el poderoso hechizo de la tradición y su especial efecto providente. No es más que la reafirmación de un manantial subyacente en el espíritu del ser humano que aflora por generación espontánea alimentado y enriquecido por el talante personal y las lecturas acordes, porque nadie imita a nadie con quien no se sienta ligado de alguna manera, impregnado del hálito de la admiración, la afinidad o el reconocimiento.

Mariluz Escribano se revela en sus relatos como una excepcional descriptora de escenarios y paisajes. En las descripciones del ambiente rural, de la vida en el campo, tachonadas de precisas enumeraciones condensadas en un crisol proteico, se aprecia claramente el conocimiento de Escribano del paisaje, el tránsito de las estaciones, el tráfago diario de las gentes, sus ocupaciones y anhelos en un tiovivo pertinaz y monótono donde no cabía más ambición que la de deslomarse hasta morir (Escribano, 2008: 67-68). Haciendo alarde de su conocimiento pictórico, en Escribano nos sorprende la filigrana y ciencia de sus brillantes enunciaciones. Penetra con pericia en la descripción de espacios, ámbitos, hábitos y paisajes (Escribano,

2001: 27-28, 84, 86-88, 91-92, 99-100, 102-103, 121-122; y 2008:113), recordaciones de la escuela (Escribano, 2001: 37, 108-110), memorias familiares y juegos de la infancia (Escribano, 2001: 38, 75, 93-94, 107-108; y 2008: 101, 105-106, 150-151), tipología, enseres y retrato de personajes (Escribano, 2001: 61, 76-77; y 2008: 96, 98-99, 103, 108). De igual manera nos inmerge, con emoción contagiosa, en la elaboración de las sopas de ajo, hervidas o turradas, enseña de un tiempo en que el hambre y la incuria acongojaban como hojas heladas de cuchillos (Escribano, 2001: 115-118). Y nos insta a adentrarnos en la apertura álgida de los amaneceres, con sus dedos ígneos avivando la albura (Escribano, 2008: 117-119); en la sonora quietud de los claustros (Escribano, 2008: 83) y el tótum revolútum de las atarazanas monacales (Escribano, 1996: 78); en la atmósfera opresiva de los vagones incrustados de mugre y de tristeza (Escribano, 2001: 36, 68); en el escalofriante panorama del viejo cementerio recamado de hierbas, de silencio y olvido (Escribano, 2008: 91-93); en la deletérea ruina de las casonas abandonadas y su ausencia de ruidos, anunciadora de la muerte (Escribano, 2008: 81-82), pero siempre con el sentimiento a flor de piel de la esperanza: "El pueblo, muerto a esas horas, era una hornacina dorada y parda, quieta en el aire translúcido de la mañana" (Escribano, 2008: 134).

2.1.5. *La libertad y el sacrificio: anamnesis de la identidad femenina*

En el estudio preliminar a *Los caballos ciegos*, Sánchez García (2008: 23) nos plantea la asociación curiosa de un par de conceptos, "libertad y sacrificio", aparentemente desconectados. Si profundizamos en el sentido hermenéutico de esta simbiosis semántica, tendremos que asentir sobre la singular relación que puede llegar a existir entre ellos. Son varios los vértices y suficientemente denotativos para llevarnos a comprender su imbricación en el discurso. Pensemos en la reivindicación social del feminismo. El progresivo avance en los derechos igualitarios entre mujer y hombre ha sido posible gracias a los espacios de libertad que la mujer ha conquistado no sin graves esfuerzos. Desde diferentes perspectivas, Mariluz aborda el drama íntimo de las mujeres solas, madre e hija sometidas a la terrible agonía de un trabajo ajeno a sus aspiraciones que las obligaba a soportar el tedio de los días iguales, el dolor de la ausencia y la angustia desoladora de un futuro sin esperanza. El relato "Días en la ventana" (Escribano, 2008: 63-66) nos habla de estos asuntos que asolaron a una gran parte de la población durante los años de la posguerra, días y días sometidos a la rutina demoledora y el ansia fatal de saber que nada podría cambiar el rumbo amargo de sus vidas. Este mismo tono de pérdida de la libertad y obligada resignación, hallamos en el relato "Uno de gorriones" (Escribano, 2008: 71-73), donde el pequeño Pablo, tras perder la autonomía que disfrutaba durante el verano y, sobre todo, forzado a cambiar de escuela, se sentirá más desolado que solo.

Pero también las carencias físicas afectan a los protagonistas de algunos de estos relatos: "La niña va conociendo los fantasmas agresivos del hambre junto a las décimas de fiebre que la atormentaban […] El hambre es inconmensurable, atroz y va abriendo caminos a la incertidumbre y a los recuerdos" (Escribano, 2001: 29). Mariluz se preocupará especialmente por el desvalimiento de los niños en el *statu quo* de la posguerra, las carencias materiales y el sentimiento de pérdida que asoló a tantas familias acuciadas por el dolor y la impostura.

A este dolor y carencias se sumaba la idea repetida de la falta de libertad. Los niños sentían especialmente la sinrazón de los destierros, el ir de un lado a otro sin sentido, dejando atrás espacios, costumbres, amigos, días halagüeños que se tornaban en silencio, desencanto y soledad. La evasión y el ensueño se convierten en placebo de la frustración, en bálsamo de la impotencia (Escribano, 2008: 71-73). Mariluz Escribano perdonó en su corazón los desmanes de la guerra, pero nunca olvidó a quienes los causaron. Granada fue durante mucho tiempo un lugar oscuro, una tierra glacial, a pesar de hallarse en la soleada Andalucía, más fría aún que las austeras tierras de Castilla porque estas significaban un soplo de libertad, todo lo que era susceptible de amarse y evocaba la mirada nueva y limpia de un tiempo futuro que necesariamente tenía que ser mejor. El _horror vacui_ inyectado en los ojos de la niña devenía en luz mientras contemplaba los caminos florecidos con los colores malvas, rojos y amarillos de la bandera republicana en las cunetas. Un paisaje que hacía olvidar las prohibiciones del caudillo, ese militar de manos asesinas, sucias de sangre, traficando con la muerte; un paisaje que evocaba el recuerdo hiriente de ilusiones truncadas, conquistas civiles conculcadas y libertad perdida; un paisaje, homenaje campesino a la República, que llenaba de lágrimas los ojos de su madre porque representaba la elemental y primera rebeldía frente a la vesania de una dictadura que iba a extender sus aceros, cárceles y muertes durante cuarenta terribles e interminables años (Escribano, 2001: 55).

2.1.6. _El amor y la soledad_

Los personajes de Escribano son, generalmente, seres atormentados por la soledad, la incomprensión y la incomunicación (Sánchez García, 2008: 22), pero esta sensación manifiesta como un río fluyente en el canevás de su obra no obvia para que Mariluz Escribano (2004: 25) conozca en su sangre el verdadero sentido y misterio del amor, descrito "como la más sublime experiencia humana con toda su carga solidaria y generosa hacia el otro, el amor alado que aspira a sublimar la fortaleza del sentimiento": "La soledad, llena de esa plácida tristeza que regalaban las horas [...], se adueñaba de la enfermedad de la niña, la aislaba del mundo cálido y cercano de los afectos" (2001: 29). La soledad provoca un doble sentimiento de amor/dolor en Escribano (Sánchez García, 2008: 9), porque no siempre es dolorosa y el ejemplo más significativo es el que nos lleva al texto "La hermana tornera", donde la autora proclama la paz y el sosiego de la vida en un convento de clausura: "Sentada en una silla de anea, junto a la recacha del claustro, deja que el sol sea amable con sus años, [...] da gracias [...] por el buen sol [...] Ha envejecido [...] en la luz blanca de los claustros" (Escribano, 2008: 83).

Y, es más, el amor acaba con la soledad porque franquea distancias y suma sentimientos. En "El encuentro" (Escribano, 2008: 43-46), se evidencia esta realidad posible. Se trata de un relato escrito casi con celeridad, ajeno incluso al realismo lírico que empapa la narrativa de la autora granadina, buscando alcanzar un desenlace fausto, donde lo que menos interesa es el lenguaje, sino que el espejismo de la emoción se convierta finalmente en el agua viva del desierto.

La soledad puede encontrarse igualmente en el escándalo urbano de los coches, las motocicletas, las persianas de tiendas y las voces incontroladas. Joaquín, el personaje del relato "Un día en la plaza" (Escribano, 2008: 54), se sentirá solo, con una soledad brutal en medio de los ruidos que subían desde la calle y se colaban por las ventanas entreabiertas.

En el precioso relato titulado "En el río" (Escribano, 2008: 59), se conjugan a la perfección el amor perdido y el vacío de la soledad, pesaroso en cualquier edad del hombre, pero tan especialmente hondo en la adolescencia. Nano, el joven protagonista, desea la soledad porque con Tania, su primer amor, "se iba la dulce costumbre de los juegos, el roce de unos dedos y el de un pelo sedoso, las miradas cómplices, el latir descompasado del corazón". Esta curiosa simbiosis entre amor y soledad dota la obra de Mariluz Escribano de una perspectiva novedosa, de un sesgo calidoscópico que empapa subliminalmente su concepción poética.

2.1.7. *La ceguera, la vejez y la muerte*

La temática de la ceguera es coadyuvante en la obra de Mariluz Escribano con la vejez y su consecuencia directa, la muerte. Los títulos de dos de sus obras nos remiten a esta carencia física: *El ojo de cristal* (2004) y *Los caballos ciegos* (2008). En el libro de relatos *Los caballos ciegos* hallamos tres cuentos que tratan centralmente este asunto: "La casona", "Palomas" y "Tía Antonieta" (Sánchez García, 2008: 20). En el primer relato nos adentra en el desplome vital que produce en la protagonista el hecho de verse privada de la visión, luz primicial que nos comunica con el mundo, con nuestra realidad intransferible. Es explícita y draconiana la narración sobre el proceso de la ceguera y sus secuelas abrasivas:

> Cuando mi tía Angélica se quedó ciega [...] y le fue imposible seguir con la dirección de la casa de labor que circulaba alrededor de ella y de sus enérgicas decisiones, la casona de mi abuelo, con sus corralizas, sus pajares y tenadas, las cuadras de los ganados y el huerto anexo, empezó a declinar con una lentitud de lluvia, año tras año, hasta dejar en la retina de todos nosotros una situación de pobreza, precariedad y desorden. (Escribano, 2008: 79)

Todo el relato es una científica descripción de los procesos degenerativos del personaje de Angélica que nos adentra en la atmósfera opresiva que García Márquez inocula en algunas de sus novelas capitales como *El amor en los tiempos del cólera*,

Crónica de una muerte anunciada o *Cien años de soledad*: "Angélica acudió a la misa mayor del domingo, con el velo negro de la viudez, y dejó tras de sí […] un suave vaivén de plumas planeadoras y blancas […] suspendidas un instante en la quietud de la luz" (Escribano, 2008: 81).

Escribano transmite con vigorosa eutimia la desgarradora noticia de la ceguera, supliendo el irrefrenable deterioro de las capacidades físicas con el aliento anímico del recuerdo, vertiendo en luz serena el violento avance de la sombra. Es revelador el texto que hallamos en "Palomas" (Escribano, 2008: 101), según la autora, ni siquiera un cuento o un relato, sino solo un instante: "Ahora no veo nada, pero os diré que me gustan las palomas […] lo primero que recuerdo cuando, en los amaneceres, me despierto y tengo el desasimiento de la desesperanza porque la oscuridad está instalada para siempre jamás en mi retina".

Donde mejor apreciamos hasta qué punto es crucial el paradigma de la ceguera en la obra de Mariluz es, sin duda, en el relato "Tía Antonieta". En él se establecen a la perfección los tres estadios cruciales de la transición vital: la plenitud, la decadencia y la muerte.

1. Tenía los ojos claros, hermosos y dormidos, de un azul desmayado y pálido que a veces derivaban a un verde inconcluso según la luz que recibían y la fuerza de la ternura que emanaban. A veces, cuando yo alzaba la mirada detenida en los juguetes, los encontraba atentos, muy despiertos, sobrevolando mi persona con una calidez fría de agua. Eran cristales translúcidos embarcados en un agua de arroyo, iridiscentes en la penumbra de la habitación silenciosa, chispas metálicas y aceradas en el sueño detenido de los relojes […]

   Los ojos de mi tía Antonia recorrían mi infancia, la escrutaban con el recelo que le producía lo imprevisible. Eran los centinelas de mis horas despiertas, atentos a los peligros inoportunos, aquellos que eran evitables por cotidianos. Supongo que también hacían guardia en mis horas dormidas. (Escribano, 2008: 103-104)

2. Mi tía Antonia no tardó en quedarse ciega y vivió sus últimos años de vida en la oscuridad más profunda y absoluta. Sus ojos fueron ya pozos ciegos y callados. Ya no volvieron a hablarme con aquella confortabilidad del agua, con aquella líquida sensación de mansedumbre, ni me contagiaron con la placidez de su color. Le fue negada para siempre la luz que acarrean los días. (Escribano, 2008: 103)

3. Mi tía Antonia murió un día del mes de junio del año 1970. Precisamente cuando más hermosos y esplendentes se abren en flor los rosales. En su mecedora del patio enlosado de mármol blanco, debajo de un jazmín trepador y después de desayunar, se fue quedando dormida, con un sopor profundo que nadie advirtió. La rosa roja que sostenía en sus manos resbaló hasta el suelo y eso fue lo que nos hizo comprender que ella […] había abandonado la mañana de sol y de verano, nos había abandonado a todos, dejándonos como herencia el recuerdo de unos ojos inigualables que parecían trocitos de mar, o lago, o arroyo, o acero dúctil y suave. Unos ojos que jamás podremos olvidar. (Escribano, 2008: 104-105)

El tema de la ceguera también está presente en su poesía. En el poemario *Canciones de la tarde* (1995), encontramos la bellísima "Canción para Dolores", que enlaza a la perfección con el cuento "Días, años" (Escribano, 2008: 69), donde una mujer, también llamada Dolores (no sería descabellado considerar que se trata de la misma persona en ambos contextos), dedicada por entero al trabajo desde al alba hasta el anochecer en un pueblo castellano de la posguerra: "Y todos los días igual,

con el mismo ritmo, la misma cadencia del tiempo comparti-
mentado", se identifica plenamente con el personaje lírico de
su homónima de la que se poetizan tan exacerbados y a la vez
dulces sentimientos: "Yo sé que sólo hay frío / acunando tus
dedos / que fueron incansables / en trigos y racimos / y que
descienden copos de nieve en tus pupilas / que ayer fueran
amor" (Escribano, 1995: 35-36).

La vejez es un tema constante en la obra de Mariluz Escribano. La conflagración entre el éxtasis de la juventud y el desplome de la senectud alcanza en la obra de Escribano tintes de
sabrosa filosofía que incide directamente en la religación entre
lo experiencial y lo enigmático, entre Dios y el ser humano,
la reelaboración del pensamiento barroco del nacimiento que
conduce inexorablemente a la muerte:

> La ancianidad es un camino de renuncias constantes e implaca-
> bles. Me he visto reflejada en ella, en esa madre veterana en el
> dolor y la paciencia, en su lento desvencijamiento hasta la derro-
> ta. La he ayudado, naturalmente, al tiempo que un sentimiento
> de rebeldía se ha levantado en mi interior. No parece justo, Dios
> mío, que cuando más necesitamos tu piedad nos abandones de
> esta manera. Alguien tendrá que explicarme esto que no entien-
> do. No me sirve para nada sentirme joven y poderosa. El futuro
> está ahí, esperando tras la puerta (Escribano, 1996: 67)

Muy tangencial al sentimiento de la vida en el campo y el
necesario aliento de la libertad, el relato "Un día en la plaza"
(Escribano, 2008: 53-57) nos muestra la estremecedora realidad de los ancianos, solos o desolados por la incuria; una realidad que Escribano describe con privativo magisterio como si
percibiera, segundo a segundo, esta sensación desconsoladora
y dolorida en su propia carne:

Por un momento sintió su vida traicionada, como si alguien le hubiese robado una historia, una vida entera, la plácida manera de enfrentarse al mundo y a sus años. Se notó malherido, más huérfano que nunca, cansado. Y lloró hacia dentro su sentimiento de intensa e irremediable soledad dentro de la gran ciudad que le rodeaba.

[...] todos lo ignoraron: debía haberse convertido en un mueble más del decorado, un ser invisible y torpe. (Escribano, 2008: 56)

La codicia humana se revela lastimosamente en el relato "Últimos días" (Escribano, 2008: 121-124), en el que la protagonista, una anciana de casi noventa años, ingresada en una residencia, hace repaso de su vida de manera desordenada, a través de *flashes* levísimos de olores, colores, sabores, tactos y sonidos. Ha olvidado el nombre de los hijos y la cantidad de los que tuvo; afectada por el alzhéimer, simula sonrisas y gestos para no desagradar demasiado a los desconocidos que, de vez en cuando y por breve tiempo, se acercan a visitarla, le atusan el pelo y le dejan besos apresurados. Pero se siente afligida por el dolor de que, en su memoria, solo subyace el recuerdo de Baba, la mayor o menor de las hijas, ese pequeño detalle sin importancia, pero sí lo tiene el hecho de que fuera ella la que comenzó a deshacer su hogar, llevándose las lámparas votivas de plata, el cuadro de la escuela holandesa o la vajilla de Limoges con la excusa de que a ella ya no le servían para nada, vulnerando sin compasión el más elemental respeto por lo que significaban, echando por tierra la obra de una vida.

En *El corazón de la gacela* (2015) se suceden dos poemas que tratan el mismo tema de la senectud asociado al grave problema del alzhéimer, esa enfermedad que carcome poco a poco la memoria, tan crucial para Escribano, y va sumiendo al ser humano en una irretornable oscuridad:

Olvidamos los nombres de las cosas:
aquel del árbol que serena la plaza,
cómo se llama el joven
que cumplió nuestros sueños,
si es mañana, si es tarde, si de noche
[…]
—¿Y cómo se llamaban
las flores amarillas?
—¿Dónde estará mi casa?,
se pregunta el anciano. (Escribano, 2015: 22)

Tanto "El anciano" como "El abuelo" nos remiten a ese final inexcusable que conduce al cementerio que espera con paciencia.

El abuelo ha olvidado
los nombres de los pájaros,
él que también sabía
los nombres de las hierbas,
los nombres de las fuentes,
cómo se llamaba el niño
que jugaba con juncos.
Ha olvidado su nombre. (Escribano, 2015: 23)

Pero los temas asociados de la vejez y la muerte devienen especialmente dolorosos en el relato "Los días del frío", donde se narra la historia de Felines, en quien se acumularon los años a golpes de azada y temperos, tras una tediosa y dura vida de días iguales. Sonreía para hacerse perdonar los problemas que originaba su estado porque era consciente de que estorbaba. Hasta que un aciago día, después de dejarlo bajo la sombra de una olma en la plaza del Ayuntamiento, extranjero en su tierra, todo el mundo se olvidó de que existía y lo dejaron morir definitivamente en la frialdad de la calle porque él sabía que había comenzado a morir en el momento en que ya no fue útil para nada ni nadie. Cuando lo encontraron, a la mañana siguiente, en el poyete de piedra, rodeado de pájaros tempranos, se mantenía muy quieto, extrañamente quieto, velado solo por una palomariega tornasolada (Escribano, 2008: 133-135).

Aunque el fantasma de la muerte siempre persiguió la mirada de Mariluz como sombra de su sombra, esta inequívoca realidad no impactó su ánimo hasta un día de mediados de febrero en que fallecía doña Joaquina Jiménez de la Obra, amiga de la casa y beata devotísima. La larga espera del entierro, los sonidos broncos de la campana de la iglesia y la lenta grisura que descendía de los tejados le hicieron comprender, por vez primera, que, en el tiempo de la vida, se abren huecos insondables imposibles de cerrar y cómo la existencia humana se convierte en una concatenación tristísima de ausencias; encontrar de pronto y súbitamente, con el quebranto sordo, el horror al vacío, la pesadumbre de lo inabarcable (Escribano, 2001: 61-62). En la narrativa de Mariluz, la muerte también se asocia al fin de la infancia. En el cuento titulado "Goya" (Escribano, 2008: 38), donde confluyen sutilmente los temas de la soledad y el hambre, este asunto deviene palmario: "¡Ay, y que pena más honda para el resto de nuestras vidas! Con la muerte de la Goya desapareció una parte de nuestra infancia, un reducto de bienestar y de consuelo, aquel territorio de ternura".

Mariluz coliga el tema fatídico de la muerte, natural o cainita, con los ritos de las iglesias, edificios destinados al rezo por los difuntos y pétrea sepultura de muertos. Especialmente explicativo es el relato "Domingo en Pedrosa del Príncipe" (Escribano, 2001: 99-104), donde se radiografía el dolor y el vacío de tantas pérdidas en los terribles años de la guerra civil, elegía íntima que parecía aliviarse en la eutimia del asueto y contrastar con el fragor de las cocinas, sus ruidos y humos, corazón palpitante de la casa en los días de fiesta. Mucho más triste es el relato de la muerte cuando se vincula al abandono y la soledad. Desolador es el relato "El perro" (Escribano, 2008: 41), la historia de Chapín a quienes sus dueños dejan solo por unos días y, a su regreso, no era más que "una sombra oscura, un negro e inmóvil trazo sobre la tierra". Mariluz Escribano nos conduce por los senderos de la vida con una mirada profunda y lúcida, a veces irónica y hasta satírica, que no responde a sentimientos negativos sino básicamente a protegernos de todo aquello que anuncia la tragedia y es poco proclive a la sonrisa. Para salvarnos de esta intensidad abrumadora que se cierne sobre nuestras cabezas, Mariluz Escribano envuelve su palabra en un lenguaje lírico, donde los símbolos, las metáforas y las sinestesias confluyen para crear un aparato narrativo y lírico de enorme riqueza axiomática empapada de luminosa claridad (Morales Lomas, 2020: 159).

> La anciana checa me ha inquietado. Detrás de ella, como una insistente aunque vaga sombra, estabas tú, hermosa, joven, radiante. Estabas tú y el espacio vacío de tu nombre sobre un telón de fondo mozartiano. Cuando los años pasen y envejezcamos, serás como esta anciana, frágil y bella, que se apoyaba en un bastón de caoba con empuñadura de plata esmaltada. Y aún me seguirás amando, con el mismo aliento y la misma incertidumbre con que hoy lo haces. (Escribano, 1999: 54)

2.2. La escritura de arte: el realismo lírico en la narrativa de Mariluz Escribano. Realismo maravilloso versus construcción de la realidad

En la obra *Los caballos ciegos*, Mariluz Escribano inaugura lo que Remedios Sánchez García (2008: 30) denomina "realismo lírico", mixtura de realismo maravilloso y mágico, vertido en ideas y palabras con esmerado lenguaje poético –y un manejo magnífico de la adjetivación– alimentado por la realidad conocida, sobre todo de la infancia, que se constituye en eje básico y omnipresente de su escritura[15]. Con esta obra penetramos en una manera efectiva de contar alejada de la generalidad de los prosistas coetáneos, enseña lúcida de una literatura personal y reconocible, capaz de afrontar, por convicción y conocimiento, la construcción de un discurso original y privativo, al modo de lo que Francisco Umbral considera como la verdadera literatura: "Literatura es escribir las cosas como no las escribe nadie, no digo peor ni mejor, sino distinto […] Tener una visión personal del mundo y una manera personal de expresarlo" (se citó en Martínez Rico, 2001: 161-162). Consecuente con el deber del educador de preservar la tradición literaria y el lenguaje poético en la escritura, alejado de la vulgaridad, la improvisación y la inelegancia; y, a la vez, consciente de la realidad circundante, Mariluz acoge la enunciación lírica como un estandarte de precisión y belleza, una voz propia y diferente que, sin renunciar al placer estético, penetra en los espacios transitables de la comunicación y la emoción. La prosa de Mariluz, como su poesía, nos remite al dolorido sentir garcilasiano de la pérdida, esa elegía fecunda que permite recobrar los mundos que se desvanecen y solo son recuperables a través del arte o la palabra (Sánchez García, 2008: 9).

Sánchez García (2008: 24) declara que los rasgos del realismo maravilloso –en relación directa con el realismo mágico– en la obra de Escribano se manifiestan especialmente en los

---

15 En este estudio introductorio, Remedios Sánchez realiza un breve pero intuitivo análisis de lo que supuso el realismo mágico, aplicado a la obra narrativa de Mariluz Escribano: 11-12.

cuentos ambientados en las zonas rurales, pueblos y aldeas de la geografía española desde Castilla hasta Andalucía. Sorprende el conocimiento de los árboles y trabajos agrícolas, la precisión al nombrarlos y el prolífico léxico que despliega cuando describe el campo y su materia:

> El sol todavía agredía las copas de las olmas […] Cuidado con los tojos […] traicioneros. […] las eras cargadas de nías, el sol reverberando en las parvas, las canciones de la trilla, el camino a la ermita, las trochas hasta el páramo […] el sonido de las esquilas en lontananza (Escribano, 2008: 60).

Paradigmático de este realismo maravilloso es el relato "La cama" (Escribano, 2008: 47-51), que tanto nos recuerda las narraciones de la literatura hispanoamericana con su doble sesgo de aventura y heroísmo, mezcla singular de deseo y pasión, frisando la delgada línea de lo racional y lo extravagante. Aproximándose al contexto de las sagas familiares que pueden recordarnos a los Buendía, Escribano elabora una historia difícilmente creíble pero no imposible sobre la obsesión de José Rosendo, natural del pueblo de Sansuera, imaginario como Macondo, quien, tras una denodada lucha por conseguir un futuro para su familia y conseguirlo, concibe la peregrina idea de adquirir una cama digna de su nueva posición para lo que derruye su casa y la reconstruye, dado que aquel mueble tan singular no cabía por las puertas y muros de su primigenia humilde casa. En esta misma línea, Manuela de la Corte (2008: s. p.) manifiesta que el libro comparte cierto paralelismo con el Macondo de *Cien años de soledad*, aduciendo la increíble capacidad que tiene el realismo mágico para sorprender con lo más sencillo, a través de un lenguaje preciso y claro.

Especialmente memorable es el relato "Doña Georgina" (Escribano, 2001: 45-49), donde la exuberancia verbal y el caudal léxico se desborda en un sinfín alquitarado de sorprendentes enumeraciones: las descripciones del mobiliario, el ajuar, la veste y las evocaciones de un antiguo tiempo son dignas de canon, en una narración que nos recuerda al más genuino García Márquez y al personaje de Remedios, la bella, envuelta en un halo mágico de superstición y de misterio:

> No sólo fue aquel desfile de riquezas y abundancias lo que sorprendió a la gente, sino la luz extraña que alumbró a lo largo de todo ese día y la ingente cantidad de pájaros que acudieron a posarse en los tejados de la casa, y trazaron un horizonte de trinos cuando la tarde se fue serenando y la claridad del aire se hizo más frágil sobre el patio.
> [...]
> Ya sólo puedo recordar que el patio, con su ausencia, perdió color y aroma, los pájaros desaparecieron repentinamente de los tejados [...] y volvieron los días grises en los que todos los habitantes de aquella casa echamos de menos la curiosa fortuna de su presencia. (Escribano, 201: 46 y 49)

Claramente denotativo de la influencia del realismo mágico es el relato "Día de oro" (Escribano, 2008: 107-108), donde se narra la irrupción de un cierzo atormentado –con furor de tormenta– que trastorna la rutina cotidiana de un pueblo, convirtiéndolo en un bucle desaforado de sucesos surrealistas e inverosímiles:

> En un principio fue sólo el balido de una oveja [...] Después fue un concierto de corderos [...] como si el rebaño entero hubiera enloquecido [...] Fue el comienzo de todo, antes de que la casa de labor se conmoviera hasta parecer derrotada, mucho antes de que viéramos al párroco atravesar la calle polvorienta, elevado sobre suelo y luchando con el manteo y la teja, volteado de pared a pared, desesperado y amarillo. También cuando las campanas

empezaron a sonar mucho antes de la hora del rosario vespertino y se apresuraron las muchachas que regresaban de la fuente cargadas de cántaros porque sus pies no conseguían rozar el suelo y sus vestidos habían enloquecido y las envolvían dejándolas completamente ciegas y desnudas. (Escribano, 2008: 107)

Ejemplo significativo de este realismo es el magnífico relato que culmina el libro *Los caballos ciegos* (2008), colector de los rasgos líricos que caracterizan la escritura de Escribano. Se trata de la historia de "Tanino" (Escribano, 2008: 153-161), el cuento más extenso de la obra, la historia singular de un muchacho, cuidado amorosamente por su abuela Dolor, en un medio rural, rodeado de espacios naturales y palomas vivaces, viviendo armoniosamente entre la realidad y el sueño. Todo el texto puede considerarse modelo de excelente escritura poética:

El niño, con un gesto de negativa muy quieto y muy dulce de sus hombros, se dejó resbalar desde el pretil de piedras toscas y grises hasta el borde del agua. Se arañó un poco las manos y brotaron en ellas diminutas gotas de sangre roja que permanecieron un momento, brillando, iridiscentes por el sol en sus pupilas. Sumergió presuroso la mano herida en el río y el agua se alejó en círculos rosados y lentos. Una sensación grata y fresca le subió hasta la frente. Sus dedos eran a manera de pequeños barbos, ágiles y fuertes contra la corriente. Como una lámina de acero, el río le devolvió su imagen sosegada y pensativa. Por un instante la mañana se convirtió en un mundo reducido, en un momento eterno, semejante a sí mismo muchas veces. El agua, la luz, el suave viento, el sol grato y tibio, el penetrante olor a hierba, troncos y juncos humedecidos, era una mágica repetición infinita, como si la mañana se produjera en espejos sucesivos y esplendorosos. (Escribano, 2008: 154)

La proximidad con el realismo mágico que observábamos

en "La casona" (Escribano, 2008: 79-82), envuelta en el desolador sigilo de la ruina, y la escenografía de palomas y plumas que nielaban el paso de tía Antonia por las calles y plazas, volvemos a encontrarla en el relato de "La hermana tornera" (Escribano, 2008: 83-86), con un sesgo fatídico o místico aún más enigmático:

> Cada vez que la hermana tornera se levanta de su silla para atender una llamada que siempre parece urgente, las palomas la rodean, se suben a sus tocas y a sus hombros, aletean a su alrededor, junto a los ubicuos gorriones y todos ellos van dejando un rastro de luz y de aire conmovido detrás de sus pasos indecisos. Por el claroscuro que proyectan las arcadas del claustro, bordeando las sombras que proyectan las columnas y los capiteles, cruza una diafanidad luminosa, una especie de vapor denso, blanco y móvil en torno a la hermana tornera. (Escribano, 2008: 85)

El universo monjil despierta en Escribano cierto hálito de misterio o fantasía espiritual, litigando entre el rigor de los claustros y la eutimia de la existencia. En *Papeles del Diario de Doña Isabel Muley* (Escribano, 1996: 69-69), encontramos este curioso texto en que se explica de manera prodigiosa el cambio experimentado por la hermana Carmen, que nunca ha sabido bien si subía o bajaba:

> Pero un día […] como a un rosal podado, por las manos empezaron a crecerle las ramas y a salirle las rosas hasta por los ojos […] Desde entonces empezó a vivir hacia atrás y desanduvo los caminos del tiempo. Vio que sus ojos ciegos se iban volviendo verdes […] Ahora tiene dos años.

Es un hecho manifiesto que Escribano sitúa las narraciones tocadas por el realismo mágico en localizaciones rurales que le

resultan mucho más inspiradoras y probablemente más proclives a la sensibilidad de sus gentes. Sin embargo, hallamos un
texto ubicado en el casco de la ciudad que, si ser estrictamente maravilloso, participa de un hálito extraño alejado de los
comportamientos usuales. Se trata del relato titulado "María
del Rosal" (Escribano, 2008: 87-89), la historia de una niña
de claros cabellos, ojos de iris azuleado y sonrosada piel, que,
sin saber bien por qué y ante la sorpresa de todos, adoptó en
su infancia la anómala costumbre de comerse los capullos más
tiernos de los rosales.

Más maravilloso aún es el cuento titulado "María de la Colina" (Escribano, 2008: 125-127), una muchacha esbelta, frágil,
rubia, alegre y azul, de ojos claros, muy blanca y muy limpia,
que cantaba cuando hablaba y compartía su pan con los más
pobres además de los pájaros, que rezaba desde sus balcones en
las noches de luna llena con voz dulce y melodiosa, que cami-
naba por las callejas del pueblo sin que sus pies se posaran en
el suelo. Cuenta la historia o la leyenda que se murió una madrugada de fría primavera, cuando crecen las azucenas en los
huertos familiares; que ese día amaneció con luz esplendente,
blanca y brillante; que, en los corrales, los gallos multicolores
aparecieron ataviados con gasas blancas en lugar de plumaje y
las crestas de un azul intenso; que las vecinas amortajaron su
joven cuerpo con una sábana de finísimo hilo de Holanda y
por todo el pueblo se pudo oír un suspiro hondo y triste; y que
su muerte dejó impregnado todo el pueblo de un olor desvaído
a azucenas, difícil de desprender.

Este mismo tono de realismo maravilloso se desarrolla en el
relato "Días de lluvia" (Escribano, 2008: 129-130):

A finales del mes de agosto de 1928, empezaron a formarse grandes nublos en el cielo […] a encresparse las nubes por los oteros

y comenzaron así los días de la lluvia interminable que no cesaría en los siguientes ocho meses. Los niños que nacieron en ese periodo de tiempo lo hicieron con la piel verde y los ojos saltones y unas extremidades desmesuradas, de tal manera que las madres, asustadas, se comunicaban de mala nueva de ventana en ventana y recomendaban remedios y pócimas que resultaron, por otra parte, completamente inútiles.

Todo el texto, similar en su concepción estilística, se inscribe en el más puro realismo mágico. Pero lo cierto es que Escribano, a veces, nos inmerge en el realismo más naturalista, casi escatológico, aderezándolo con una suerte de virtud metafórica que, no por ello, deja de ser menos impactante. En el cuento "Mañanas al sol" (Escribano, 2008: 143), se narra cómo la protagonista y su prima Sara, al término de la primera infancia, se incorporaron al trabajo doméstico, siguiendo las órdenes de la tía Agatónica, que las dispuso en el cometido poco grato de recoger y limpiar los bacines de las diecisiete personas que habitaban en la casa de los abuelos. La tarea de almacenaje de residuos humanos se ejecutaba en el gallinero, junto a las gallinas y el gallo tornasolado que daban buena cuenta de las heces; labor a la que seguía la recogida de huevos: "metáfora de lo níveo y lo limpio, blancos como nubes blancas, granizos redondos de los nublos [...], puntos de luz en la tenebrosidad"; lo que provocaba en las niñas cierta desconfianza cuando los huevos frescos saltaban en la sartén del fraile y pasaban al plato al que miraban con aprensión y recelo. Y es en este instante del discurso cuando nos toca señalar la obsesión de Escribano por verificar la verdad de sus relatos, por acercar la diégesis a la mímesis aristotélica. Tiene sentido cuando se trata de los textos más o menos maravillosos, pero resulta mucho más curioso en este caso concreto en que la realidad alcanza un sesgo del naturalismo más exacerbado: "Y como ocurrió te lo cuento. Para que permanezca en la memoria de otras gentes que están por venir y que no han visto más que las gallinas desplumadas y tristemente muertas suspendidas del gancho de las carnicerías" (Escribano, 2008: 143-144).

Es igualmente observable la diferenciación que se establece en el plano de la temporalidad atendiendo a la ubicación espacial en la que se desarrollan los acontecimientos narrados. Cuando la acción se ubica en el entorno urbano, el correlato temporal avanza hacia el presente, alejándose al pretérito cuando se sitúa en zonas rurales: (Sánchez García, 2008: 16). Este contraste también se advierte en la concepción de la vida y la manera de enfrentarse a su vivenciación.

Mariluz es consciente de que su prosa, trufada de poesía, aspira a crear un mundo mistérico y poderoso donde todo es probable, hasta lo más inverosímil, quizás con la entrañada convicción de alejarse de otras realidades, silenciadas en su alma por cercanas y dolientes. Sánchez García (2008: 8) compara la narrativa de Escribano con la del gran maestro Gabriel Miró y con el Francisco Umbral de *Mortal y rosa*; y, en este mismo sentido, Fernando de Villena (2001: 1) opina que el estilo narrativo de la escritora granadina nos acerca a otros referentes de exquisita prosa poética, como *El sur* de Adelaida García Morales o *Un año en el sur* de Antonio Colinas. Y con la misma convicción nos habla de esas acuarelas magistrales que componen *Sopas de ajo*, trazadas con un lenguaje connotativo y un predominio de la descripción paisajística que a veces nos recuerda también a Gabriel Miró. Nos encontramos ante una manera de contar de gran riqueza no solo por la abundancia del léxico, sino también por los originales símiles y las brillantes metáforas que se van engastando en el discurso lírico; una prosa donde también destaca la clara preferencia por el párrafo largo, ese en el que se miden los grandes escritores, donde cada fragmento se paladea; una obra, en suma, que reclama la lectura despaciosa y atenta tanto por la armonía de la forma como por las profundas reflexiones que pueden encontrarse a cada paso.

La propia Mariluz declara que estas narraciones breves "están insertas en el realismo lírico, en una prosa impresionista, que no es el modelo decimonónico"; y, aunque en palabras de Gregorio Salvador –explica la escritora– son una manera de instantáneas al estilo de Gabriel Miró, yo soy una escritora de mi tiempo. Estas pequeñas historias son una especie de "canto a la pérdida de la infancia, que es el territorio mágico por excelencia" (Escribano, se citó en Tapia, 2008: s. p.).

Remedios Sánchez (2008: 10), estudiosa autorizada de la obra de Mariluz Escribano, nos conduce hacia los horizontes en los que se proyecta la escritura de la autora granadina, caracterizada por una vasta y prodigiosa cultura literaria. En Escribano se verifican las teorías del formalismo ruso y el *new criticism* como vectores singulares de una obra que se sustenta en el soporte cardinal del realismo mágico, empapando toda su producción; sin embargo, Sánchez García (2008: 12) prefiere llamarlo "realismo maravilloso" o, como manifestaba Alejo Carpentier, realismo lírico con toques maravillosos, porque, aun construyéndose sobre los elementos básicos del realismo mágico, establece relaciones capitales con las tendencias europeas citadas, proclives en cada caso a la intelectualización del lenguaje y la reivindicación moral de un mundo distópico sumido en la disarmonía. Nos enfrentamos a la reconstrucción de un tiempo discordante latiendo fatigosamente bajo la sombra de una realidad opresiva y oscura. Como nos avisa Remedios Sánchez (2008: 13), nos hallamos ante una narrativa del desasosiego, el desvalimiento y la soledad, cuyos protagonistas son principalmente ancianos y niños, supervivientes conculcados por una situación anómala de la que solo pueden salir alterando la realidad, corroborando así la sentencia de Carpentier (1967: 12) cuando afirma que "lo maravilloso comienza a serlo de una manera inequívoca cuando surge de una inesperada alteración de la realidad", lo que no significa paradójicamente que sea una forma capciosa de enfrentarse a la vida:

> Os tengo que contar que estoy sentado sobre una piedra dorada y lisa en el cementerio semita que se eleva sobre una terraza del río Odra. He mirado todas las tumbas, he recontado los muertos que no perdieron sus señas de identidad con el paso del tiempo, esos cuyos nombres no se borraron del libro abierto de la memoria. He descifrado sus apellidos con el esfuerzo necesario para vencer el paso de los días sore las lápidas, el musgo crecido en los intersticios de las piedras y he sentido el cansancio de los más de doscientos nombres que se suben a mis espaldas, trepan hasta los bolsillos de mi chaqueta y se introducen en mi mochila reivindicando un lugar, al que tienen derecho, en mi memoria que se expande por el siglo XXI y que intenta guardarlos en el frágil cajón del recuerdo. (Escribano, 2008: 92-93)

2.3. La voz comprometida

Mariluz Escribano se enfrenta al mundo con la autoridad de quien conoce de primera mano el desgarrado acento de la desolación y el poder de la educación en la vida de los seres humanos. Este doble distintivo signa con poderoso cuño la vida y la obra de una mujer fuerte a la que la pérdida de los seres queridos rearmó de una coraza incorruptible forjada, contra todo pronóstico, en la libertad del pensamiento, el perdón a la afrenta y la concordia entre los iguales. Su heroica capacidad de afrontar tanto el desatino de una guerra fratricida que le robó la capital figura del padre como la frustración de una política educativa constrictiva y ajena a los principios de igualdad, fraternidad y libertad, tan conculcados, la mantuvo siempre alerta y preparada para combatir cualquier desafuero o injusticia, situaciones cotidianas en los años que le tocó vivir y siguen, desde órbitas distintas, pero igualmente denigratorias, cohabitando en el tiempo actual.

En sus escritos periodísticos, Mariluz Escribano deja efectiva y lúcida constancia de no doblegarse fácilmente a lo que considera injusto, incívico o desaforado, porque uno de los imperativos que siempre acompaña su escritura es la autenticidad. En muchos de sus escritos, Escribano reivindica de manera insistente esa palabra verdadera que denuncia la pobreza y la marginación, situaciones que imposibilitan la posesión del tesoro de la palabra, porque solo cuando adquiere un compromiso con ella, el escritor puede afirmar que se ha hecho con la palabra (Lara Nieto, 2020: 166). Es incuestionable el sentir íntimo de la escritora, educada en las directrices de la Institución Libre de Enseñanza, que preconizaba la libertad y la independencia de la educación, razón por la que fue fusilado su padre y represaliada su madre; sin embargo, no tuvo nunca reserva alguna en denunciar los estragos de la política cuando, con sus decisiones, se agredía la integridad de su querida Granada y con ella el patrimonio identitario de los granadinos.

Nada haya que defina con más exactitud la pedagogía educativa de Mariluz Escribano que su adscripción intelectual a los principios rectores de la Institución Libre de Enseñanza (ILE), fundada en 1876 por un grupo de catedráticos separados de la Universidad por defender la libertad de cátedra y negarse a ajustar sus enseñanzas a los dogmas oficiales en materia religiosa, política o moral, obligados a proseguir su tarea educadora al margen de los centros universitarios del Estado, regido por el gobierno conservador de Antonio Cánovas del Castillo. De esta segregación surge un establecimiento educativo privado, cuyas primeras experiencias se orientarán a la enseñanza universitaria y, más tarde, a la educación primaria y secundaria. La idea que los motiva es la creación de una sociedad nueva, construida sobre las piedras angulares de una renovada pedagogía capaz de transformar el sistema educativo desde sus cimientos. Inspirada en las ideas de Kant y de Rousseau, la ILE se convirtió en el centro de gravedad de toda una época de la cultura española y en cauce para la introducción en España de las más avanzadas teorías pedagógicas y científicas que se estaban desarrollando fuera de las fronteras españolas. Según José Castillejo (1926: s. p.), la ILE

> recibió el sentido de la unidad de Hegel y la síntesis de naturaleza y espíritu de Schelling, aceptó el proceso de formación del derecho en la conciencia del pueblo que la escuela histórica de Savigny había desentrañado; aprovechó las conquistas del positivismo y de la sociología, el análisis sociológico de Wundt, la dirección idealista de la escuela teológica y la solidez armónica del sistema de Krause.

Bajo la influencia de Francisco Giner de los Ríos y la Institución Libre de Enseñanza se emprendieron desde organismos públicos importantes reformas en los terrenos jurídico, educativo y social, y se crearon organismos como el Museo Pedagógico, y la Junta para Ampliación de Estudios, de la que dependían el Centro de Estudios Históricos, el Instituto Nacional de Ciencias Físico-Naturales o la Residencia de Estudiantes. En torno a la Junta y al Museo cristalizaron desde 1907 hasta 1936 intentos de reforma científica y educativa que dieron lugar a iniciativas pioneras: el Instituto Escuela, las pensiones para ampliar estudios en el extranjero, las colonias escolares de vacaciones, la Universidad Internacional de Verano o las misiones pedagógicas, actuantes durante la Segunda República. La guerra civil de 1936 y la posterior proscripción de la Institución, con confiscación de sus bienes, supusieron un largo paréntesis para sus actividades en España, aunque el proyecto continuó alentando en la labor desarrollada en diversos países por institucionalistas exiliados.

Mariluz Escribano se rigió siempre en sus actuaciones por los principios pedagógicos de la escuela en libertad, una pedagogía educativa que no impone de manera estricta un camino o modelo delimitado a los niños sino la virtualidad de un sistema que incentivara la autodeterminación, relegando la coacción y el castigo, derruyendo el coercitivo lema de que la letra con sangre entra y permitiendo la elección, con criterios sólidos, de una forma de vida que permita al alumnado desarrollarse sin complejos, erradicando de su educación los anhelos y frustraciones que los adultos hayan tenido que asumir para conseguir sus objetivos.

En este sentido, Mariluz Escribano también es discípula en España de la Escuela Summerhill, pionera de una pedagogía democrática, antiautoritaria, no directiva y libertaria, como la califica su creador Alexander Sutherland Neill, quien la funda en 1921 para atender a niños y niñas de educación primaria y secundaria. La escuela democrática preconizada por Neill se sustenta sobre sobre dos principios básicos: la posibilidad de aulas de opcional asistencia y la dinámica asamblearia como órgano de gestión donde todos participan para decidir las normas de la escuela. Partiendo de principios elementales, extraídos del pensamiento de Rousseau y Wilhelm Reich, la escuela defiende, además de la firme convicción en la bondad natural de los seres humanos, la felicidad como máxima aspiración de la educación, el amor y el respeto como bases de la convivencia y la importancia de la corporalidad y la sexualidad, tema tabú en los crudos años de la posguerra española que todavía suscita exacerbadas polémicas. La escuela proponía medidas tan avanzadas como la ausencia de exámenes, calificaciones, reprimendas y sermones, y el trato igualitario entre niños y adultos. Más que las clases y los talleres, se prioriza la interacción social del juego y las actividades artísticas y creativas, como el teatro y la danza. Dados estos principios, Summerhill es más comunidad que escuela, porque la formación se vertebra sobre la convivencia de chicos y chicas, el autogobierno y el ejercicio de la responsabilidad (Neill, 1980: s. p.).

Este sistema de enseñanza que Mariluz acoge como fundamento de su pedagogía no es más que la aceptación del ser humano "capacitado para realizar en su vida la armonía universal a través de sus habilidades naturales de captación y reproducción de la belleza formal" (Romero López y Romero Mariscal, 2008: 400), lo que Krause propugnaba para explicar que "el gusto mismo se sujeta a un juicio de razón, y sólo es perfecto cuando se afecta únicamente de lo bello" (se citó en López Morillas, 1990: 35). Por esta aspiración de belleza que alentaba a los krausistas, el arte literario representaba en plenitud y armonía el método más propicio para estimular la imaginación y la razón de los discentes; y, entre todas sus posibilidades, la poesía, considerada el arte por excelencia, quintaesencia de la literatura, según manifestaba el ínclito Unamuno, constituía la más alta expresión de nuestros deseos y amores, aspiraciones individuales y colectivas así como la de nuestras tendencias conscientes o inconscientes hacia los sublimes conceptos de lo bello, lo bueno y lo verdadero (Romero López y Romero Mariscal, 2008: 403). La perfección estribaría en concertar estos elementos validables para construir el poema –aplíquese a cualquier texto escrito con intención literaria–, dirimiendo la eterna discusión sobre el valor prioritario de la forma o el fondo y su dialéctica que, si palmaria para unos, para otros es irresoluble. Entre los propios krausistas, que apostaban por la validez del arte por el arte, surgió el deseo de que la creación aportara beneficios no exclusivamente estéticos. Su aspiración, primordialmente didáctica, radicaba en el valor añadido de que, a la imaginación y fantasía creadoras, se adujeran componentes éticos, proclives al cultivo de los sentimientos y la formación de la personalidad, pretensiones que ya contemplaban las corrientes europeas imperantes, lo que colaboraría a la comprensión integral del mundo y las personas que lo habitan.

Mariluz Escribano participaba vitalmente de todas estas consideraciones en su diaria labor de educadora. Ella sabía muy bien que sus enseñanzas habrían de ser vitales para la interpretación del mundo que, más tarde, sus alumnos llevarían a las aulas; y de la misma manera, siguiendo los principios de la Institución Libre de Enseñanza, el valor de la literatura en la forja de los caracteres, la estrecha relación entre literatura y ética, entre poesía y vida. No podía ser de otra manera, y así Escribano propone una educación escolar universal y abierta, laica, neutral y vinculada a las familias; y, en este mismo sentido, escuelas con metodologías activas que eviten el intelectualismo y atiendan todas las capacidades, reforzando la reflexión frente al memorismo y la creatividad frente a la repetición (González Martos, 2020: 88). Conocedora del pensamiento de Mariluz Escribano, Remedios Sánchez (2008: 608) insiste en la asimilación y presencia –tanto en la vida como en la obra de la escritora granadina– de las enseñanzas preconizadas por los estudios de Krause y los trabajos de la ILE, basadas esencialmente en la necesidad de llegar a la ética mediante la estética de los textos, porque esta interrelación connatural significaba el canal más propicio para la formación de conciencias. Como manifiesta Sánchez García (2013: 19), más allá de su estética, de corte clásico impecable, lo que destaca de su poética es la manera de mostrar sentimientos y emociones desde el más acrisolado compromiso con la realidad de su tiempo.

Reivindicada como una de las voces claves de la poesía comprometida española de los últimos veinte años, Mariluz Escribano, además de excepcional escritora, fue una mujer de principios sólidos que defendió, a lo largo de su existencia, valores esenciales como el compromiso, el progreso, la libertad y la dignidad. Su valentía para enfrentarse a cualquier clase de iniquidad y su ardida defensa de los derechos humanos desde la educación, el periodismo y la literatura la colocan en un plano inexcusable para considerarla sin reservas la autora más representativa de la reconciliación y el Humanismo Solidario, movimiento al que perteneció, llevando siempre como enseña la autoridad de la palabra. Ella, que declara abiertamente que le gustan muy poco los convencionalismos (Escribano, 2004: 51), siempre enarboló una firme bandera, la inmarcesible bandera de la que habla tanto en su obra en prosa (Escribano, 2001: 127-128) como en su poesía: "Los ojos de mi padre": "Todo el mundo conoce / que heredé de mi padre una bandera" (Escribano, 2013: 49). Carmen Calvo Poyato, en el acto de entrega del Premio Elio de Nebrija celebrado en la ciudad de Granada en enero de 2019, le dedicaba sin ambages esta concluyente proclama:

> Ahora que las palabras se disparan tan frívolamente y significan tan poco y tantos las sueltan sin hacerse responsables de ellas, no hay nada más importante que agradecerte la vida que has querido transformar en poesía, en presencia y en compromiso constante. Hoy seguimos peleando porque la convivencia sea posible desde las libertades, desde la diversidad y desde el respeto al otro, que no solamente existe, sino que nos construye. Representas todo

lo que es profundamente humano y nos representas a todas, en femenino universal. Nos has regalado tu vida y por eso te lo queremos agradecer. (Se citó en Téllez, 2019: s. p.)

Mariluz, que aseguraba proceder de un mundo de silencio impuesto durante muchos años de dictadura y esperaba con ilusión vivir en otro de libertad responsable, donde fuera posible el diálogo, la discusión y hasta la confrontación si llegara el caso frente a las decisiones políticas, se siente defraudada por los "nietos del franquismo" que han heredado los tics de la intolerancia más atrevida (Escribano, 2004: 66): "Todos a una, como en Fuenteovejuna, tendrán que actuar los políticos en beneficio de una ciudad que, escondida y callada, apenas levanta la voz para reclamar lo que le pertenece" (Escribano, 2004: 55). Y por ello su voz, ahora manifiestamente clara, se eleva para erigirse en voz de los callados. La voz de muchas hijas de padres fusilados y madres represaliadas en la incivil guerra civil española, estigmas que quedaron sellados en su alma pero que no impidieron que el agua y la savia de su obra surcara las ramblas del compromiso social (Romero, 2019: s. p.). Aunque desde su más tierna infancia conoció y sintió en su carne la pena y el látigo de lo incomprensible, es considerada como la más relevante poeta del perdón y la memoria (Téllez, 2019: s. p.), lo que alentó más que reprimió su voz enérgica ante la inicua situación de un país condenado al dolor, la represión, el exilio y la muerte: "Mi tía Manini [...] atravesó fronteras de guerra, alambradas y sustos, paisajes en los que los soldados levantaban sus fusiles en defensa de la República, ríos rebeldes y ciudades muertas y polvorientas, bombardeadas y sucias por la guerra" (Escribano, 2008: 109-110).

E igualmente será la voz para los niños del mañana que sabrán por ella cómo el expolio, la malversación, la incuria, el desinterés y la avaricia los dejó desheredados y exiliados para siempre de una ciudad, Granada, en decadencia, sin posible retorno (Escribano, 2004: 74). Porque si se ocultan estas realidades, cuando crezcan y establezcan las confrontaciones pertinentes, descubrirán y denunciarán el engaño al que los hemos sometido; y, tal vez, evidenciando los yerros de la especulación, podrán corregir los errores que heredaron, superar las frustraciones que sufrimos y restañar las tropelías que toleramos con nuestro silencio cómplice (Escribano, 2004: 76-77). Escribano sabía, como Wilhelm von Humboldt, que la lengua expresa no solo a la persona, sino que constituye el alma de un pueblo, y así la obra de arte es ante todo una voz humana que se dirige a nosotros (se citó en Yepes Hita, 2014: 109).

Su voz fue siempre la voz de otras muchas mujeres condenadas al silencio, voces sumergidas, conculcadas, errantes en el adiado y represivo azar que quiebra todos los espejos (Romero, 2019: s. p.). Ejemplo de esta oscuridad es el relato "La botella de ginebra" (Escribano, 2008: 75-77), que nos advierte sobre la situación de las féminas que, por diferentes motivos, se abandonan a la bebida, convirtiéndose en un problema para sus hijos y para ellas mismas. O, desde otra óptica, no menos habitual, la mujer del relato "Padrenuestros" (Escribano: 113-116), a quien se conculca por envejecer y adoptar las prácticas recibidas de sus mayores, secuela intolerable del maltrato y el desprecio.

Mariluz Escribano ha sido una de las plumas esenciales del compromiso social en los últimos veinte años. Desde 1958, fecha en que comienza a publicar en los diarios *Patria* e *Ideal*, Escribano se erige en voz de las mujeres acalladas, con una decidida voluntad de responsabilidad cívica. Nunca tuvo otra intención que la de despertar las conciencias adormidas de los ciudadanos y evidenciar el afán infértil de los políticos por demostrar la verdad y legitimidad de sus ideologías, muchas veces lastradas por el falso celo del interés o la necesidad, en lugar de preocuparse de las carencias de los ciudadanos y poner orden en los desafueros cometidos contra el patrimonio, la civilidad y la cultura (Escribano, 2004: 53-55; 57-59).

> Tenemos memoria y, por consiguiente, no vamos a olvidar las frías y distantes decisiones de intervención desafortunada en una ciudad frágil y delicada que el único horizonte de prosperidad que conoce es el de la administración de su patrimonio histórico y su paisaje, ambos gravemente amenazados cuando no perdidos para siempre jamás. (Escribano, 2004: 66)

Y también será la voz de las madres solas, viudas de guerra o de vida, ese grito desgarrado de la mujer al cargo de cinco hijos varones. "Escribiré una carta para cinco" es un poema clave para entender este estado de oscura y honda soledad (Romero, 2019: s. p.). Pero esta voz incomodaba "por su bondad, por su conciencia" (Valverde, 2021: 17), porque esgrimía verdades difíciles de escuchar y de asumir por determinados órdenes: "Recuerdo ahora cuándo, en los años setenta […], querían arrancar los árboles de la avenida Calvo Sotelo; yo estaba entonces embarazada de ocho meses, pero aun así no pude dejar de estar allí manifestándome en contra del atropello" (Téllez, 2019: s. p.). Porque a Mariluz Escribano le dolía Granada, su ciudad sometida a incontrolables atropellos que ella no estaba dispuesta a silenciar. Remedios Sánchez (2019: 17), que la trataba como maestra y como madre no solo intelectualmente, no duda en afirmar que Mariluz siempre enarboló la enseña de la denuncia y el compromiso, erigiéndose al mismo tiempo en símbolo de la paz y la concordia:

> Nosotros tenemos que ocuparnos de tus cosas. De decir lo que has sido y lo que eres, símbolo de paz y de concordia, la poeta

inmensa de la voz rotunda que llegó cuando más falta hacía, la líder ciudadana que era junco indoblegable, la profesora carismática de aquella Escuela Normal que fue la pasión de tu padre, la mujer valiente que se adelantó a su tiempo y que ejerció de faro para una capital en penumbras, cargada de silencios, de recelos, de hipocresía taimada que, a tu altura moral, le resbalaba. Siempre afanosa en sus tareas, enseñando a mirar a tus alumnos, defendiendo la libertad como patrimonio irrenunciable y ejerciendo de paciencia resignada, de inquebrantable poeta de guardia en unos libros que, hoy, ya, son tesoro; un legado que supone el testimonio cincelado en el alma de una generación que lo perdió todo, salvo esa dignidad honda que es una manera de estar en el mundo.

A su muerte, todos los medios de comunicación habrán de considerarla, además de una de las más importantes autoras de las letras granadinas, "un ejemplo de conciencia ética" (*El País, Granada Hoy* y *RTVE.es* / EFE, 2019), porque jamás cejó en su empeño de luchar por una sociedad más justa y libre, donde todos pudieran manifestar sus ideas y nadie estuviera por encima de nadie. Escribano nos recuerda que no es posible la evolución de las sociedades si seguimos olvidando los aspectos más innobles. No es posible disociar la ética privada de la pública porque ambas conforman la lectura de una época. Mariluz Escribano Pueo, considerada como la gran poeta del perdón y la memoria siguiendo la estela de Antonio Machado (Gilabert y Jaén, 2021: s. p.), se erige como la escritora por antonomasia de la reconciliación histórica. La historia individual se constituye en el microtexto de la historia colectiva conformada por el compendio de los testimonios particulares. Tan esencial para corregir los errores es la historia vivida como la historia perdida. La represión y la lucha contra la represión abarrada por tanto sufrimiento no deben olvidarse. Perdón sí pero también la serena conciencia de lo que no puede repetirse. Mariluz Escribano, "una de las voces más notables de la poesía comprometida española de las últimas décadas" (Martínez Pérsico, 2020: 222), asume el paso del tiempo como lustración y bálsamo para conciliar las tempestades interiores (Sarria, 2016: s. p.), sin perder un ápice de su voluntad enérgica y reivindicativa, el espíritu invencible de una heroína capaz de elevarse sobre la soledad y la tragedia: "Después de tantas lluvias / y atardeceres claros / ahora es tiempo de paz. De paz y de memoria" (Escribano, 2015: 9).

REFERENCIAS BIBLIOGRÁFICAS

Academia de Buenas Letras de Granada (s.f.). *Reseña de Mariluz Escribano Pueo.* Disponible en https://es.wikipedia.org/wiki/Mariluz_Escribano

Barthes, Roland (2009). *Mitologías* (trad. de H. Schmucler). Madrid: Siglo xxi.

Bazán Mesquida, Humberto (2007, 26 de junio). Bien honesto, útil y deleitable. Ética, moral y filosofía (cap. 6). Disponible en http://www.mailxmail.com/descargarPdf.cfm?gfnameCurso=etica-moral-filosofia

Beigbeder, Olivier (1971). *La simbología.* Barcelona: oikos-tau, s. a. (Traducción de *La Symbolique.* Presses Universitaires de France, 1968).

Cabrera, José (2020). Armonía, modernidad y selva. Una interpretación ideológica de la música en la poesía de Mariluz Escribano. *EntreRíos. Revista de Arte y Letras* (29-30): 163-171.

Calderón, Alí (2020). Tezclatlipoca o las escrituras el yo: Entre autonarración y lirismo. Reflexiones a propósito de la poética de Mariluz Escribano. *EntreRíos. Revista de Arte y Letras* (29-30): 203-210.

Campos Fernández-Fígares, Mar y Quiles Cabrera, María del Carmen (2020). El paso por la tierra. Compromiso y naturaleza en los versos de Mariluz Escribano. *EntreRíos. Revista de Arte y Letras* (29-30): 188-195.

Carpentier, Alejo (1967). *El reino de este mundo.* Santiago de Chile: Editorial Universitaria.

Carr, Edward Hallett (1961). *What is History?* London: Macmillan Publishers.

Casado, Lidia (2012, 22 de noviembre). *Los motivos de Circe, de Lourdes Ortiz: una recreación literaria de la Historia desde el punto de vista de la mujer* [Web log post]. Disponible en http://

juntandomasletras.blogspot.com.es/2012/11/los-motivos-de-circe-de-lourdes-ortiz.html

Castillejo, José (1926). Prólogo. En Francisco Giner de los Ríos, *Resumen de Filosofía del Derecho*. Vol. I (s. p.). Madrid: Espasa-Calpe.

Certeau, Michel de (1975). *L'écriture de l'histoire*. Paris: Gallimard.

Cirlot, Juan Eduardo (1994). *Diccionario de símbolos*. Barcelona: Labor (3.ª ed.).

Colinas Lobato, Antonio (2004). La literatura de la memoria. En Domenico Antonio Cusato, Loretta Frattale, Gabriele Morelli, Pietro Taravacci, Belén Tejerina (Coords.). *Letteratura della memoria. Atti del xxi Convegno* [Associazione Ispanisti Italiani] (pp. 71-84). Vol. I. Biblioteca Virtual Miguel de Cervantes.

Collingwood, Robin George (1993). *Idea de la historia*. México: Fondo de Cultura Económica.

Comte, Auguste (1984). *Discurso sobre el espíritu positivo*. Madrid: Sarpe.

Connerton, Paul (2002). *How Societies Remember*. Cambridge: Cambridge University.

Corte, Manuela de la (2008, 6 de noviembre). El realismo lírico de Escribano traspasa los límites del tiempo. *Los caballos ciegos* componen un puzle de treinta relatos cortos que reviven la infancia feliz de la escritora granadina. *Granada Hoy*.

Chicharro, Antonio (2002). Escrito al margen (Referido a *Sopas de ajo*). *La aguja del navegante. Crítica y Literatura del Sur* (pp. 373-375). Jaén, España: Instituto de Estudios Giennenses (publicado anteriormente en el diario *Ideal* el 20 de febrero de 2001).

Danto, Arthur (1985). *Analytical Philosophy of History*. New York: Columbia University Press.

Dilthey, Wilhelm (1978). *Introducción a las ciencias del espíritu*. México: Fondo de Cultura Económica.

Eco, Umberto (2010). *El nombre de la rosa* (traducción de R. Pochtar). Barcelona: Mondadori.

Egea, Julio Alfredo (1999, 29 de junio). Cartas de Praga. *Diario de Jerez*.

Enrique, Antonio (2020). Una vislumbre de Mariluz Escribano. *EntreRíos. Revista de Arte y Letras*, Año XV (29-30): 224-226.

— (2022, 12 de marzo). Mariluz Escribano: fisiología del dolor. Diario *Córdoba, Cuadernos del Sur*: 5.

Escribano, Mariluz (1993). *Desde un mar de silencio*. Granada: Cuadernos del Tamarit.

— (1995). *Canciones de la tarde*. Madrid: Ediciones Torremozas. Libros del Jacarandá. Prólogo de José Espada.

— (1995). *Diálogos en Granada*. Granada: Anel. En colaboración con Tadea Fuentes. Prólogo de Manuel Orozco.

— (1.ª ed., 1996 – 2.ª ed. 2008). *Papeles del Diario de Doña Isabel Muley*. En colaboración con Tadea Fuentes Vázquez e ilustraciones de Dolores Montijano. Granada: Colección Ojos claros y Fundación Vilpomas respectivamente.

— (1999). *Cartas de Praga*. Prólogo de Luis García Montero y dibujos de José Arcadio Roda. Granada: Colección literaria Extramuros.

— (1.ª y 2.ª ed. 2001). *Sopas de ajo. Memoria de una niña*. Granada: Comares.

— (2002a). *Memoria de azúcar*. Prólogo de Antonio Gallego Morell e ilustraciones de Cayetano Aníbal. Granada: Alhulia.

— (2002b). *Ventanas al jardín*. Selección de artículos de prensa recogidos posteriormente en las antologías *El ojo de cristal* (2004) y *Jardines, pájaros* (2007). Granada: Colección literaria Extramuros.

— (2002c: s. p.). Preliminar a *Ventanas al jardín*. Granada: Colección literaria Extramuros.

— (2004). *El ojo de cristal*. Artículos. Prólogo de Remedios Sánchez. Granada: Dauro.

— (2007). *Jardines, pájaros*. Artículos. Granada: Comares. Prólogo de José Ortega Torres.

— (2008). *Los caballos ciegos*. Estudio preliminar de Remedios Sánchez. Madrid: Devenir.

— (2010). *Escuela en libertad*. Granada: Zumaya. Artículos en PDF.

— (2013). *Umbrales de otoño*. Estudio preliminar de Remedios Sánchez. Madrid: Hiperión.

— (2015). *El corazón de la gacela*. Granada: Valparaíso.
— (2016). Septiembre 1936. En José Vicente Pascual (Coord.), *Granada 1936. Relatos de la Guerra Civil* (con prólogo de Emilio Atienza) (pp. 115-116). Granada: Fundación Caja General de Ahorros de Granada.
— (2017). Esbozo para una poética imposible. En Remedios Sánchez García y Manuel Gahete Jurado (Coords.), *La palabra silenciada. Voces de mujer en la poesía española contemporánea (1950-2015)* (pp. 441-446). Valencia: Tirant Humanidades.
— (2018). *Geografía de la memoria*. Valencia: Calambur.
Freixas, Laura (2000). *Literatura y mujeres*. Destino: Barcelona.
Gadamer, Hans Georg (1993). *El problema de la conciencia histórica*. Madrid: Tecnos (3.ª edición 2007. Traducción de Agustín Domingo Moratalla).
Gahete, Manuel (2015). Francisco Giner de los Ríos en la obra de Antonio Machado. En Remedios Sánchez García (Coord.). *La construcción de la identidad pedagógica española. Entre la Institución Libre de Enseñanza y las Escuelas del Ave María* (pp. 131-138). Madrid: Síntesis.
— (2016, octubre). Fuente Obejuna y el teatro. *Revista PH* (90): 92-99.
— (2019, 12 de enero). La razón de escribir (reseña sobre *Geografía de la memoria*). *Cuadernos del Sur*, suplemento literario del diario *Córdoba*: 9.
Gallego Morell, Antonio (2002). Prólogo en Mariluz Escribano, *Memoria de azúcar*: 9-12. Granada: Alhulia.
García Linares, José María (2020). "Cuando retornan de nuevo las mareas". Un acercamiento a la poesía de Mariluz Escribano. *EntreRíos. Revista de Arte y Letras* (29-30): 173-180.
García Montero, Luis (1999). Lejanía y sensibilidad. Prólogo en *Cartas de Praga* de Mariluz Escribano: 9-14. Granada: Colección Literaria Extramuros. Reproducido en el monográfico *Mariluz Escribano, el corazón de la gacela. EntreRíos. Revista de Arte y Letras*, 2020 (29-30): 130-132.

Gil Craviotto, Francisco (2020). Homenaje a Mari Luz Escribano. *EntreRíos. Revista de Arte y Letras* (29-30): 31-37.

Gilabert, Javier y Jaén, Fernando (2021, abril). Mariluz Escribano: Ahora es tiempo de paz. De paz y de memoria. *Secre10livo. Cultura andaluza contemporánea.* Disponible en https://secretolivo. com/index.php/2021/04/08/mariluz-escribano-ahora-es-tiempo-de-paz-de-paz-y-de-memoria/

Giralt, Alicia (2001). *Innovaciones y tradiciones en la novelística de Lourdes Ortiz.* Madrid: Pliegos.

Gómez Barceló, José Luis (1999, mayo). *Cartas de Praga. El pueblo de Ceuta*: 2.

Gómez Jiménez, Miguel (2012). Humanización e ironía de Circe en el relato de Lourdes Ortiz. *AnMal*, XXXV (1-2): 99-118.

González Martos, Miguel (2020). Pasión y pedagogía. *EntreRíos. Revista de Arte y Letras* (29-30): 84-88.

Hegel, Georg Wilhelm Friedrich (1990). *La raison dans l'Histoire.* Paris: Plon.

Heidegger, Martin (1993). *El ser y el tiempo.* México: Fondo de Cultura Económica (1.ª ed. 1927).

Heras, Esteban de las (2004, 18 de diciembre). Mariluz y el ojo de cristal. *Ideal*: 36.

— (2008). Mariluz, un gozo matinal. En Remedios Sánchez García, *Lecciones azules. Lengua, Literatura y Didáctica* (pp. 683-685). Madrid: Visor.

Kearney, Robert (2002). *On Stories.* London: Routledge.

Koselleck, Richard (2004). *Futures Past: On the Semantics of Historical Time.* New York: Columbia University Press.

Kundera, Milan (1987). *Literatura, socialismo y poder.* Bogotá: Minotauro.

Lara Nieto, María del Carmen (2020). Desde el silencio emerge la palabra. *EntreRíos. Revista de Arte y Letras* (29-30): 144-154.

Lévi-Strauss, Claude (2001 [1978]). *Myth and Meaning.* London: Routledge.

Levinson, Brett (2001). *The Ends of Literature: The Latin American*

"Boom" in the Neoliberal Marketplace. Stanford: Stanford University Press.

López Morillas, Juan (1990). *Krausismo: Estética y Literatura*. Barcelona: Lumen.

Lukács, George (1937). La forma clásica de la novela histórica. CEME: *Centro de Estudios Miguel Enríquez*. Archivo Chile: Historia Político Social. Movimiento Popular.

Mariana, Juan de (1601). *Historia general de España*. Toledo: Pedro Rodríguez, tomo II.

Martínez Ezquerro, Aurora (2020). Los versos son mi vida. *EntreRíos. Revista de Arte y Letras* (29-30): 181-187.

Martínez Pérsico, Marisa (2020). La memoria y la pregunta. Notas a la poesía de Mariluz Escribano. *EntreRíos. Revista de Arte y Letras* (29-30): 218-223; y asimismo en *infoLibre*: El rincón de los lectores (10 de julio de 2020).

Martínez Rico, Eduardo (2001). *Francisco Umbral: vida, obra y pecados*. Conversaciones. Madrid: Foca.

Marx, Karl (1983). *Manifiesto comunista y otros escritos*. Madrid: Sarpe.

Mink, Louis (1966). The Autonomy of Historical Understanding. *History and Theory*, 5 (1): 24-47.

Montijano, Dolores (2020). Gestos pintados (con motivo de la exposición pintórica (*sic*) el color clausurado de Mariluz Escribano). *EntreRíos. Revista de Arte y Letras* (29-30): 72.

Morales Lomas, Francisco (2020). La memoria como reencuentro humanista en la narrativa pulcra de Mariluz Escribano Pueo (A propósito de *Los caballos ciegos*). *EntreRíos. Revista de Arte y Letras* (29-30): 156-162.

Morgado, Nuria (ed.) (2007). *Lourdes Ortiz. Voces de mujer*. Madrid / Valladolid: Iberoamericana Vervuert / Cátedra Miguel Delibes.

Muñoz, José Antonio (2020). Mariluz Escribano, el ojo en la tinta. *EntreRíos. Revista de Arte y Letras* (29-30): 197-202.

— (2020, 25 noviembre). La granadina Mariluz Escribano, autora clásica del año en Andalucía. *Ideal*.

Murillo Cubillas, Remedios (2020). Mariluz, mujer por Granada. *EntreRíos. Revista de Arte y Letras* (29-30): 64-71.

Narbona, Rafael (2018, 16 enero). *La casa encendida de Luis Rosales. El Español.* Disponible en https://www.elespanol.com/el-cultural/blogs/entreclasicos/20180116/casa-encendida-luis-rosales/277842215_12.html

Neill, Alexander Sutherland (1980). *Summerhill. Un punto de vista radical sobre la educación de los niños.* México: Fondo de Cultura Económica (1.ª edic. 1960).

Nieva de la Paz, Pilar (2004). *Narradoras españolas en la Transición política.* Madrid: Fundamentos.

Nunn, Frederick M. (2001). *Collisions With History: Latin American Fiction and Social Science from "El Boom" to the New World Order.* Athens, Ohio: Ohio University Press.

Ordóñez Díaz, Leonardo (2008). Historia, literatura y narración. *Historia Crítica. Revistas Uniandes* (36): 194-222.

Orozco, Manuel (1995). Prólogo. En Tadea Fuentes Vázquez y Mariluz Escribano Pueo, *Diálogos en Granada* (pp. 9-14). Granada: Anel.

Ortega Torres, José (2007). Prólogo. En Mariluz Escribano, *Jardines, pájaros* (pp. 11-18). Granada: Extramuros.

Ortiz, Lourdes (1991). *Los motivos de Circe.* Barcelona: Castalia.

Palencia, Alfonso Fernández de (s.f.). *Gesta Hispaniensia ex annalibus suorum diebus colligentis.* Tomo 2. Libri VI-X.

Rades y Andrada, Francisco (1572). *Chrónica de las tres Órdenes y Caballerías de Santiago, Calatrava y Alcántara.* Biblioteca Nacional de Madrid (ms. 3.269 en los folios 331-332).

Ricoeur, Paul (1995). *Tiempo y narración*, Vol. I. México: Siglo xxi.

— (2000). *La mémoire, l'histoire, l'oubli.* Paris: Éditions du Seuil. *La memoria, la historia, el olvido.* México: Fondo de Cultura Económica.

Rodríguez Moya, Daniel (2020). Mariluz Escribano, *Cartas de Praga. EntreRíos. Revista de Arte y Letras* (29-30): 134-135.

Romero, Alba R. (21 de julio de 2019). Se apaga la voz sumergida. Mari Luz Escribano. *Granada Hoy.*

Romero López, Antonio & Romero Mariscal, María Rita (2008). Literatura y educación: ideas pedagógicas de la Institución Libre de Enseñanza sobre formación literaria y educación de los ciudadanos. En Remedios Sánchez García (Ed.), *Lecciones azules. Lengua, Literatura y Didáctica* (pp. 399-418). Madrid: Visor.

Ruiz Berrio, Julio (1999). *Francisco Giner de los Ríos (1839-1915)*. UNESCO: Oficina Internacional de Educación. El texto se publicó originalmente en 1993: *Perspectivas: Revista trimestral de educación comparada*. París: UNESCO, Oficina Internacional de Educación, vol. XXIII (3-4).

Sánchez García, Remedios (2004a). Prólogo: La mirada sagaz de Mariluz Escribano. En Mariluz Escribano, *El ojo de cristal* (pp. 7-10). Granada: Dauro.

— (2004b, 5 de febrero). Las ventanas al jardín de Mariluz Escribano. Lecturas. *Ideal*.

— (2008). El realismo lírico de Mariluz Escribano. Estudio preliminar. En Mariluz Escribano, *Los caballos ciegos* (pp. 5-31). Madrid: Devenir.

— (2013). Estudio preliminar. En Mariluz Escribano, *Umbrales de otoño* (pp. 7-33). Madrid: Ediciones Hiperión.

— (2015). (Coord.) *La construcción de la identidad pedagógica española. Entre la Institución Libre de Enseñanza y las Escuelas del Ave María*. Madrid: Síntesis.

Sarria, José (15 de mayo de 2016). El corazón de la gacela. *Luz cultural*. Disponible en https://diariodigital.org/corazon-la-gacela/

— (2017). La singular elegancia de Mariluz Escribano: un análisis de sus obras "Umbrales de otoño" y "El corazón de la gacela". En Remedios Sánchez García y Manuel Gahete Jurado (Coords.), *La palabra silenciada. Voces de mujer en la poesía española contemporánea (1950-2015)* (pp. 331-362). Valencia: Tirant Humanidades.

Scarano, Laura (2020). Escenas de la infancia en la poesía de Mariluz Escribano. *EntreRíos. Revista de Arte y Letras* (29-30): 103-111.

Seijas, Enrique (2002, 8 de junio). Entrevista a Mariluz Escribano Pueo, escritora y poeta: "Siento placer por la elaboración literaria". *Ideal*: 38.

Steiner, Georges (1992). *Presencias reales. ¿Hay algo en lo que decimos?* Barcelona: Ensayos/Destino (2.ª ed. 1.ª ed. 1991).

Tapia, Juan Luis (1999, 8 de junio). Entrevista a M.ª Luz Escribano Pueo, escritora: "Describo la Praga que quedó en mi corazón". *Ideal*: 63.

— (2008, 6 noviembre). Llamo a la memoria. La escritora y catedrática granadina Mariluz Escribano Pueo presenta hoy el libro de relatos *Los caballos ciegos*. *Ideal*. Disponible en jltapia@ideal.es

Téllez, Juan José (2019, 21 de julio). Fallece en Granada Mariluz Escribano, poeta del perdón y la memoria. La caja negra. *Eldiario.es*. Disponible en https://www.eldiario.es/andalucia/lacajanegra/mariluz-escribano-pueo-literatura-andalucia-granada_1_1427149.html

Tusell, Javier (1999). *Historia de España del siglo xx. II. La crisis de los años treinta: República y Guerra Civil*. Barcelona: Taurus.

— (2002). Memorialismo español: la visión de un historiador. En Josefa Parra Ramos (Ed.), *Literatura y memoria. Un recuento de la literatura memorialística española en el último medio siglo* (pp. 160-176). Biblioteca Virtual Miguel de Cervantes.

Umbral, Francisco (2001). *Los placeres y los días*. Madrid: Fondo de Cultura Económica.

Valverde, Fernando (2021). Cuando me vaya: la herencia literaria de Mariluz Escribano. En Remedios Sánchez (Coord.), *Tiempo de paz y de memoria (Treinta poemas comentados)* (pp. 173-175). Madrid: Hiperión.

Villena, Fernando de (25 de marzo de 2011). Reseña sobre *Sopas de ajo*. *Papel Literario*, suplemento cultural del diario *Málaga-Costa del Sol*, (384): 1.

White, Hayden (1973). *Metahistory: The Historical Imagination in Nineteenth Century Europe*. Baltimore: Universidad Johns Hopkins.

— (1992). *El contenido de la forma*. Barcelona: Paidós.

Wilde, Oscar (1975). *Obras completas*. Madrid: Aguilar.

Yepes Hita, José Luis (2014). Los orígenes filosóficos del Romanticismo. La naturaleza como epopeya inconsciente. *Contrastes. Revista Internacional de Filosofía*, XIX (1): 103-122.